ISSN: 978-3-944610-57-3
ISSN: 0942-7244
1. Auflage 2019 / Novo Band 128
©Novo Argumente Verlag, Frankfurt 2019
www.novo-argumente.com
Alle Rechte vorbehalten.
Covergestaltung und Satz: www.elenareiniger.de
Druck und Bindung: Orthdruk, Bialystok
Printed in Poland

KAI ROGUSCH, THILO SPAHL, SABINE BEPPLER-SPAHL,
JOHANNES RICHARDT, KOLJA ZYDATISS, ERIK LINDHORST,
ALEXANDER HORN

EXPERIMENTE
STATT EXPERTEN

Plädoyer für eine Wiederbelebung
der Demokratie

INHALT

Vorwort

Alle Staatsgewalt geht
vom Volke aus

Am ersten November 2019 tritt Ursula von der Leyen ihr neues Amt als Präsidentin der Europäischen Kommission an. Wie kam sie an den neuen Job? Wir erinnern uns: Man zauberte sie im Juli 2019 irgendwie aus dem Hut, nachdem vorher lange vom Spitzenkandidatensystem die Rede gewesen war. Was qualifiziert von der Leyen für das wichtigste Amt in der Europäischen Union? Dass sie eine Frau ist, mehrere Sprachen beherrscht und in Brüssel geboren ist? Manch einer mutmaßte, es sei maßgeblich nach diesen Kriterien verfahren worden. Doch die Frage ist falsch gestellt. An der Spitze der EU-Kommission sollte man nicht durch was auch immer qualifiziert sein, sondern gewählt.

Tatsächlich gab es ja auch eine Wahl. Die Mitglieder des Europäischen Parlaments stimmten am 16. Juli 2019 ab. Auf dem Wahlzettel stand außer von der Leyen noch … ähm … niemand. Und so konnten die Medien am Abend verkünden: „Knappe Mehrheit für von der Leyen."

Wenn man wählt, muss man verschiedene Kandidaten zur Auswahl haben. In der Politik gilt wie einst in der Fernsehsendung „Was bin ich?": Wenn einem die Frage gestellt wird: „Welches Schweinderl hätten S' denn gern?", müssen verschiedene da sein, von denen man eines, seinen Vorlieben entsprechend, aussucht. Sonst erübrigt sich die Frage. In der EU scheinen andere Regeln zu gelten. Und doch sieht man sich in Brüssel selbst als demokratisch, ja gar als Bollwerk der Demokratie.

„In der Demokratie ist die Mehrheit die Mehrheit", sagte von der Leyen angesichts des knappen Ergebnisses nach der Wahl und fügte hinzu, es sei gelungen, eine pro-europäische Mehrheit zu formieren.[i] Wie sollen wir das interpretieren? In der Wahl zwischen ihr und ihr hat das Parlament sich für Europa entschieden? Ungefähr so. Sie sagte auch: „Die Welt braucht mehr Europa." Der Satz passt gut zum Tenor des Europawahlkampfes, in dem alle etablierten Parteien dazu aufriefen, eine „Stimme für Europa" abzugeben.

Gemeint war eine Stimme gegen „die Populisten". Und wer sind diese Populisten? Es sind politische Emporkömmlinge, die sich als Stimme des Volks stilisieren und damit die etablierten politischen Parteien an einer wunden Stelle treffen. Denen ist nämlich über die Jahre vor allem eines abhandengekommen: die sogenannte Basis. Parteimitglieder und Stammwähler sind immer weniger geworden und der Kontakt zu ihnen immer brüchiger. Als Ersatz für die Basis fungieren heute NGOs, die sich ja leicht auch als Stimme des Volkes interpretieren lassen, und Experten. In Brüssel ebenso wie in Berlin.

Franziska Brantner, für die Grünen im Europaparlament, wünscht sich im Deutschlandfunk-Interview eine Kommission außerhalb demokratischer Rechtfertigungspflicht, die darüber wacht, dass alle Mitgliedstaaten sich ordentlich benehmen, um „eine echte Handhabe zu haben gegen Orbáns und Co. dieser Welt". Sie fordert ein „Gremium von Experten und Expertinnen, die ihr Leben lang mit dieser Thematik sich beschäftigt haben, unabhängig

i   „Knappe Mehrheit für von der Leyen", SZ online, 16.07.2019.

benannt werden, und danach wirklich auch nicht mehr sich gegenüber irgendjemandem rechtfertigen müssen […].“ Immer wenn dieses Gremium nicht mit der Rechtstaatlichkeit zufrieden ist, beispielsweise in Ungarn, verhängt es Sanktionen. Laut Brantner sollen die so aussehen, dass man der Regierung die Verfügungsgewalt über EU-Gelder entzieht: „Eine unabhängige Behörde würde dann die Gelder verwalten, statt Herrn Orbán.“[2]

Demokratie heißt aber Herrschaft des Volks. Und deshalb ist es der Demokratie nicht zuträglich, wenn der Politik der Kontakt zum Volk immer schwerer fällt und man sich nach nicht rechenschaftspflichtigen Kommissionen sehnt. Es ist schlecht für die Demokratie, wenn Wähler nicht mehr wissen, welche Partei sie wählen sollen. Es ist kein gutes Zeichen, wenn viele die Wahl nutzen, um mit ihrer Stimme (oder Stimmverweigerung) Protest kundzutun, weil ihnen das politische Establishment als zu homogen oder gar als abgehobene politische Kaste erscheint.

Das demokratische Prinzip, dass alle Macht vom Volke ausgeht, bezeichnen wir auch als Volkssouveränität. Es bedeutet, dass politische Entscheidungen durch das Volk erfolgen und nicht durch eine Elite. Volk hat dabei nichts mit Herkunft zu tun. Das Volk sind die „Nicht-Experten und Nicht-Funktionäre“.[3] Das Volk sind die, denen die Gewählten Rechenschaft schulden und von denen sie auch wieder abgewählt werden können. Demokratie erfordert, dass alle erwachsenen Bürger die Möglichkeit haben, sich zu beteiligen. Dass echte, sich klar voneinander unterscheidende und

2 „Orbán kämpft hart gegen die liberale Demokratie“, Interview mit Franziska Brantner. Deutschlandfunk online, 18.03.2019.
3 Ingeborg Maus: „Über Volkssouveränität: Elemente einer Demokratietheorie“, Suhrkamp Verlag 2011, Kindle-Version, S. 180.

realisierbare Alternativen zur Wahl stehen. Dass die Menschen die Möglichkeit haben, sich zu informieren, und motiviert sind, sich ernsthaft mit der jeweiligen Frage zu beschäftigen. Und dass ihre Mehrheitsentscheidung auch umgesetzt wird. Dafür müssen die Abgeordneten im Parlament das Wahlvolk adäquat repräsentieren und das Parlament als solches muss seine Forumsfunktion ernst nehmen. Es muss ein Ort der Meinungspluralität und der lebhaften und engagierten Debatte sein.

Mit einem solchen Anspruch kann unser Innenminister offenbar wenig anfangen. Horst Seehofer (CSU) plaudert im ARD-Hauptstadtstudio vom 6. Juli 2019 aus, wie es seiner Meinung nach laufen muss und auch läuft: „Das Gesetz nennt man Datenaustauschgesetz. Ganz stillschweigend eingebracht. Wahrscheinlich deshalb stillschweigend, weil es kompliziert ist, das erregt nicht so. Ich hab' jetzt die Erfahrung gemacht in den letzten 15 Monaten: Man muss Gesetze kompliziert machen. Dann fällt das nicht so auf. Wir machen nichts Illegales, wir machen Notwendiges. Aber auch Notwendiges wird ja oft unzulässig in Frage gestellt."[4] Und das ist eben auch das Problem mit dem Volk: dass es auch Notwendiges „unzulässig" in Frage stellt. In Berlin hat man das inzwischen einigermaßen im Griff. Und in Brüssel schon ohnehin. Da ist das Volk weit weg und alles fest in der Hand von Kommissionen.

Die Regierung einer Demokratie ist eine Exekutive, eine ausführende Gewalt, eine Gewalt, die selbst nicht das Sagen hat. Sie hat auszuführen, was die Legislative, also die gewählten Volksvertreter oder auch das Volk selbst, in Abstimmungen beschließt. Auch hier verdeutlicht ein Blick

---

4   Video in einem Tweet der Redaktion des ARD-Magazins „Bericht aus Berlin", 06.06.2019.

nach Brüssel, dass die EU nicht demokratisch aufgebaut ist. Hier übernimmt die Kommission mit ihrer nichtgewählten Präsidentin und ihren nichtgewählten Kommissaren wesentlich die Exekutivfunktion, hat aber gleichzeitig das alleinige Initiativrecht im Bereich der Legislative.

Wir machen es uns zu leicht, wenn wir uns sagen, wir lebten in einer Demokratie und unsere ganze Sorge müsse bloß sein, sie gegen irgendwelche „Feinde der Demokratie" zu verteidigen. Eine Demokratie muss am Leben erhalten und mit Leben erfüllt und weiterentwickelt werden. Hierzu müssen wir uns zunächst klar machen, worauf es ankommt und wo wir stehen.

Wir beschäftigen uns in diesem Buch mit der Krise der Demokratie. Kapitel 1 beschreibt, wie es um Anspruch und Wirklichkeit bestellt ist. Kapitel 2 betrachtet, wie es dazu gekommen ist, dass Demokratie zwar verbal stets beschworen, de facto aber von weiten Teilen des Establishments als problematisch gesehen und mitunter höchst undemokratisch reinterpretiert wird. Kapitel 3 blickt zurück auf 2500 Jahre Demokratie und Anti-Demokratie, und Kapitel 4 bekräftigt noch einmal den Titel des Buches: Eine Wiederbelebung des demokratischen Geistes ist heute dringend erforderlich.

DEMOKRATIE
IN NOT

Glaubt man einer Einschätzung der Bundesanstalt für politische Bildung (bpb), hat sich seit Ende des Kalten Krieges ein weltweiter Siegeszug der Demokratie ereignet. Über 60 Prozent aller Staaten weltweit werden in einer Studie der bpb als eine Demokratie bezeichnet.[1] Und tatsächlich genießen wir in den westlichen Gesellschaften bürgerliche Freiheiten und Minderheitenrechte. Wir können an Parlaments- und Präsidentschaftswahlen teilnehmen und so unser politisches Personal mitbestimmen. Doch der oberflächliche Eindruck täuscht. Tatsächlich erleben wir eher einen Verfall der Demokratie. In vielfältiger Weise wird daran gearbeitet, den Einfluss des Volkes auf die Arbeit der gesellschaftlichen Entscheidungsträger zu minimieren.

Demokratie ist eine Staatsform, in der die Interessen und Wünsche der Normalbevölkerung maßgeblichen Niederschlag in der tatsächlichen Politik finden. Schaut man sich jedoch beispielsweise eine empirische Studie aus dem Jahr 2016 an, so wird ersichtlich, dass der Einfluss normaler Bürger auf wichtige politische Entscheidungen gering ist.[2] Die Forscher des Institutes für Sozialwissenschaften der Universität Osnabrück unter Federführung von Professor Armin Schäfer weisen darauf hin, dass beispielsweise bei Fragen der Vermögensbesteuerung, des Rentenniveaus, der Bezugsdauer von Arbeitslosengeld und anderen Themenbereichen die Meinung der zahlenmäßig kleineren, besser gestellten Gesellschaftsschichten sich gegen die Meinung der ärmeren Schichten, die das Gros der Bevölkerung ausmachen, stets durchsetzt.

[1] bpb: Verbreitung demokratischer Staaten. In absoluten Zahlen und Anteil an allen Staaten in Prozent, 1989 bis 2016, Online, 01.10.2017.
[2] Lea Elsässer, Svenja Hense und Armin Schäfer: „Dem Deutschen Volke"? Die ungleiche Responsivität des Bundestags. Zeitschrift für Politikwissenschaft (2017) 27, S161–180.

Ein Ergebnis der Studie lautet: „Je höher die Einkommen, desto stärker stimmen politische Entscheidungen mit der Meinung der Befragten überein. Was Bürger mit geringem Einkommen in besonders großer Zahl wollen, hatte in den Jahren 1998 bis 2013 eine besonders niedrige Wahrscheinlichkeit, umgesetzt zu werden." Und auch bei der Berücksichtigung der politischen Ansichten der Mittelschicht sieht die Lage ähnlich aus. Auch hier gibt es laut der Studien von Schäfer & Co. keinen messbaren Zusammenhang zwischen der Zustimmungsrate für eine politische Forderung und deren Umsetzung.

Unsere angeblich repräsentative Demokratie repräsentiert hiernach also keinesfalls die Interessen der Mehrheit der Bürger. Das Volk hat offenbar nicht das Sagen. Das ist eine Erkenntnis, zu der bereits im Jahr 2014 die Princeton-Politologen Martin Gilens und Benjamin Page mit Blick auf die Situation in den USA gekommen sind.[3] Das lässt ein politisches System aufscheinen, in dem sich die Interessen der ohnehin bereits Privilegierten regelmäßig gegen die Interessen „normaler" Bürger durchsetzen.

Eine gesunde Demokratie basiert auch auf einer regen Teilnahme breiter Bevölkerungsschichten am politischen Prozess. Deshalb stimmt bedenklich, dass die Wahlbeteiligung in den letzten Jahrzehnten immer weiter zurückgegangen ist. Während im Jahr 1972 noch 91 Prozent an den Bundestagswahlen teilnahmen, sank die Teilnahme bei der letzten Bundestagswahl auf 71,5 Prozent. Noch schlechter sieht es in Hinblick auf die EU aus. Bei den EU-Wahlen gingen in den letzten 25 Jahren nie mehr als 50 Prozent der

---

3   Martin Gilens und Benjamin I. Page: Testing Theories of American Politics: Elites, Interest Groups, and Average Citizens, Cambridge University Press: 18 September 2014.

deutschen Wahlberechtigten zur Urne. Erst die große Mobilisierung im Jahr 2019, einer Art Abwehrschlacht aller etablierten Parteien gegen den derzeit gefürchteten Populismus, hat zu einem Wiederanstieg auf immerhin 61 Prozent geführt. Noch bezeichnender ist eine im politologischen Fachjargon so genannte "Kluft der Wahlteilnahme": Danach wählen seit den letzten drei Jahrzehnten in fast allen westlichen Demokratien Menschen mit niedrigem Einkommen und geringerem beruflichen Status deutlich seltener als höher stehende Gesellschaftsschichten.

Wenn davon ausgegangen werden könne, so die Forschergruppe um Armin Schäfer, dass im politischen Prozess die Interessen derjenigen stärker berücksichtigt werden, die sich aktiv politisch beteiligen, könne daraus „ungleiche Responsivität resultieren und zu einer Abwärtsspirale führen, in der sich soziale und politische Ungleichheit wechselseitig verstärken." Mit „unterschiedlicher Responsivität" meinen die Forscher hier das unterschiedliche Echo, das die jeweiligen Interessen und Befindlichkeiten je nach sozialer Schicht in der politischen Arena auslösen und wie sich der unterschiedliche politische Einfluss auf die konkrete ökonomische Situation der Betroffenen auswirkt.

In der Tat spiegelt sich der unterschiedliche Einfluss auf die Politik auch in einer stärker erkennbaren Spaltung der Gesellschaft im Hinblick auf die Partizipation am ökonomischen Fortschritt. Wer mitmischt, profitiert. Wer sich zurückhält beziehungsweise keine Partei finden kann, die seine Interessen vertritt, kommt eher zu kurz. So sind die (ohnehin immer schwächer werdenden) Wohlstandszuwächse in den letzten 25 Jahren bei den unteren 40 Prozent der Bevölkerung in Punkto Einkommensentwicklung so gut wie gar nicht angekommen. Im Median der Bevölkerung, also bei denjenigen, die in der Einkommenspyramide genau in der Mitte stehen, zeigt sich nur ein schwacher Anteil an den errungenen ökonomischen Zuwächsen. Die Hauptgewinne haben die Bevölkerungsgruppen ab einem gehobenen Segment der oberen Mittelschichten eingestrichen.

Ein weiterer wichtiger Trend besteht darin, dass unterschiedliche Bevölkerungsgruppen sehr unterschiedlich aktiv in Punkto Arbeitszeit und Arbeitsintensität am wirtschaftlichen Geschehen beteiligt sind. Obere Segmente der Mittelschichten aufwärts finden sich in durchaus fordernden und erfüllenden Jobs, während mehr und mehr Leute in mitunter durchaus anstrengenden, aber wenig anspruchsvollen Tätigkeiten fast schon zur Passivität verdammt verharren. Diese Entwicklungen sind ein starkes Indiz für eine grundlegend antidemokratische Tendenz: Diejenigen in unserer Gesellschaft, die über eine nennenswerte Funktionsträgerschaft verfügen und über ihr aktives Mitwirken an den ökonomischen, kulturellen, rechtlichen und politischen Apparaten einen maßgeblichen Einfluss auf den Gang der Dinge nehmen, entkoppeln sich vom großen Rest.

Entkopplung von
der Bevölkerungsmehrheit

Die Politik hat sich in nahezu allen Bereichen von den konkreten, größtenteils materiellen Interessen der Bevölkerungsmehrheit entkoppelt. Sie legitimiert sich zum einen immer mehr anhand scheinbar übergeordneter Aspekte globaler, zukünftiger, multikultureller oder ökologischer Handlungsanforderungen. Zum anderen agiert sie zunehmend in bestenfalls halböffentlichen Foren und an der parlamentarischen Öffentlichkeit vorbei. Für diese Entwicklung gibt es viele Beispiele. Zu nennen wäre etwa die in Kommissionen statt Parlamenten ausgekungelte Politik des Kohleausstiegs – zulasten der arbeitenden Schichten in den Regionen und zugunsten von an der oberen Mittelschicht aufwärts orientierten Phantasien des globalen, vermeintlichen Klimarettens.

Bereits hier findet sich ein demokratiefeindliches Grundmuster, das man in vielen anderen Bereichen immer wieder antrifft. Die Politik des Kohleausstiegs fügt sich in die bisherige Energiewendepolitik und orientiert sich an einer so genannten, auf Klimakonferenzen und in Klimaabkommen konstatierten „Klimakrise". Unter dem Eindruck, dass uns – so der „Klimapapst" und Kanzlerberater Hans Joachim Schellnhuber – eine planetarische „Selbstverbrennung" drohe, leitet man einen nicht mehr in Frage zu stellenden Handlungsdruck ab: Die Bundesregierung ersinnt einen „Klimaschutzplan 2050" (beschlossen am 11. November 2016), aus welchem sich unter anderen auch die Einsetzung einer „Kohlekommission" ableitet.

Deren Abschlussbericht, der auftragsgemäß darlegt, wie (und nicht ob) der Kohleausstieg vollzogen werden soll, liefert daraufhin eine scheinbar alternativlose Legitimationsgrundlage für parlamentarisch mehr „umgesetzte" denn wirklich souverän beschlossene Gesetze zum Kohleausstieg auf Bundes- sowie Landesebene. Das hat zur Folge, dass nach Atomausstieg und nach massiver Förderung volatiler, unzuverlässiger „erneuerbarer" Energiequellen ein weiterer folgenschwerer Abbau grundlastfähiger Kraftwerke, mithin sicherer und billiger Energieversorgung vorangetrieben wird. Das dürfte die ökonomische Situation unterer bis mittlerer Einkommensgruppen noch einmal spürbar beeinträchtigen. Der Journalist Daniel Wetzel kommentiert: „Das

Ergebnis der Regierungskommission zum Kohleausstieg wird allseits als gesellschaftlicher Konsens bejubelt. Man glaubt es kaum: Der Staat macht durch Zwangsabschaltungen gewaltige Industrieanlagen zu stranded assets ohne Wert – und es gibt angeblich nur Gewinner. In der Kohlekommission durfte eben jeder, der Rang und Namen hat, seine Hand aufhalten und sich seine Zustimmung abkaufen lassen. Nur der Steuerzahler nicht. Der saß nicht mit am Tisch."[4]

Hier erkennen wir eine abgehobene und an externen Handlungsanforderungen orientierte Legitimation der Politik – nicht mehr aufgrund „profaner" Interessen der Arbeitnehmer aber auch vieler mittelständischer Unternehmer, sondern aufgrund losgelöster, angeblich der Katastrophenabwehr und „zukünftigen Generationen" dienenden Zielen. Weiterer externer Handlungsdruck wird durch bereits bestehende völkerrechtliche Abkommen wie etwa das Pariser Klimaschutzabkommen aufgebaut. Das Credo scheint immer mehr zu lauten, dass es generell europäische oder besser noch globale Lösungen brauche.

Das Staatsvolk zu konsultieren, wenn es zum Beispiel darum geht, europäische CO_2-Flottengrenzwerte für Autos festzulegen, steht nicht zur Debatte. Auf diese Grenzwerte, die de facto einen Zwang zur zügigen, aber leider sehr kostspieligen Einführung von Elektroautos darstellen, haben sich Ende 2018 – wie man so schön sagt – „die EU-Akteure" verständigt.[5] Doch gerade wenn es um große Weichenstellungen wie den Umbau riesiger Infrastrukturen im Energie- oder Verkehrsbereich geht, von denen alle Menschen massiv

---

4 Daniel Wetzel: „Lieber Proteste von Klimaaktivisten oder von Gelbwesten?", Welt online, 27.01.2019.

5 „EU setzt Vorgaben für Pkw", VCD online.

betroffen sind, kann es nicht Angelegenheit von Experten sein, zu entscheiden, wohin die Reise geht.

Auch auf anderen Feldern wird zunehmend erkennbar, dass der Normalbürger keinen nennenswerten Einfluss auf den Gang der Dinge nimmt. So ist die Politik der ewig fortgeführten, prinzipiell weltweit orchestrierten Auslandseinsätze – entgegen einer breiten Skepsis in der Bevölkerung – ein weiteres Beispiel dafür, wie sich die „Apparate" – hier: die Sicherheits- und Militärapparate – verselbstständigen. Sie entkoppeln sich nicht nur von flüchtigen Wählerwünschen, sondern auch von verfassungsrechtlich verbürgten Begrenzungen etwa des Militärs auf schlichte geographische Landesverteidigung. Hier handelt es sich um eine abgehobene Orientierung an „globaler" Gefahrenabwehr, der „Verteidigung der Heimat am Hindukusch" und so genannter Weltinnenpolitik.

Man hat sich mittlerweile daran gewöhnt und nimmt es achselzuckend hin, dass das deutsche Militär seit nunmehr zweieinhalb Jahrzehnten eingebunden ist im Rahmen der Vereinten Nationen (UN), der Europäischen Union (EU) und der NATO. Die Bundeswehr ist nicht nur an so genannten UN-Friedensmissionen beteiligt, sondern auch – direkt und indirekt – an ausgesprochenen und geheimen Interventionskriegen. Beispiele hierfür sind nicht nur die 1999 und 2001 begonnenen Interventionskriege im Kosovo oder in Afghanistan und geheime Einsätze der Spezialkräfte KSK an grauen Antiterrormaßnahmen. Auch die Bereitstellung deutscher Stützpunkte wie etwa Rammstein für US-geführte Drohnenkriege oder von BND-Stützpunkten für geheimdienstliche Überwachungsaktionen bezeugt, wie zunehmend entgrenzte Sicherheitsapparate auf ein scheinbar außer Rand und Band geratenes Weltgeschehen reagieren.

Noch eine weitere Schieflage sorgt dafür, dass sich der normale Wahlbürger immer weniger in der offiziellen Politik wiederfindet. Sie zeigt sich nicht zuletzt darin, dass eine immer weiter entkernte Sozialdemokratie verantwortlich zeichnet für eine Politik, die einerseits beispielsweise Einschnitte für Leistungsbezieher von Arbeitslosengeld im Zuge von Hartz IV und eine Rentenkürzungspolitik vollzogen hat, andererseits mittels Reformen der Unternehmenssteuern etc. dafür gesorgt hat, dass die Oberschicht mehr denn je im Geld schwimmt (dieses jedoch nicht in ausreichendem Maße investiert). Statt sich auf soziale Fragen zu konzentrieren, wurde von einer entkoppelten Sozialdemokratie der Schwenk hin zu technokratischen Maßnahmen wie Frauenquoten, allerlei sozialtherapeutischer Aktivitäten und so genannter Antidiskriminierung sowie „Gender"-Fragen vollzogen, die die Mehrheit der Bevölkerung nicht sonderlich interessieren.

Fremdsteuerung statt Volkssouveränität

Eine Demokratie gibt es nur dann, wenn (etwas pathetisch gesprochen) das Volk sein Schicksal selbst bestimmt. In einer Demokratie umfasst das Volk ein Kollektiv von Bürgern, die prinzipiell auf Augenhöhe agieren. Von diesem Ideal sind wir weit entfernt. Die meisten Menschen haben den Eindruck, dass sich Politik, Wirtschaft und Gesellschaft ohne maßgebliche Beteiligung des Normalbürgers entwickeln. Und wer wollte behaupten, dass sie sich täuschen?

In den letzten zehn Jahren wurden die Tendenzen gerade vor dem Hintergrund der Finanzkrise, der Eurokrise und der Flüchtlingskrise weiter verschärft. Das politische

Handeln kann nur noch mit viel Mühe und wenig überzeugend mit Bezug auf die Interessen der normalen Bevölkerung begründet werden. In der Finanz- und Eurokrise wurde das Volk nicht gefragt. Vielmehr folgte die Politik einem von außen herangetragenen Handlungsdruck aus einer notstandsähnlichen Gefahr des Kollapses des Finanz- und damit auch Wirtschafts-„Systems". Deutlich wurde, dass elitäre Funktionsträgergruppen und Eigentümer großer Vermögen etwa durch Bankenrettungen und einer damit einhergehenden Null- beziehungsweise Negativzinspolitik, die zu Aktien-, Immobilien- und sonstigen Vermögenspreisexplosionen führen, stark profitierten. Im Kontrast dazu stagnieren die Vermögen der kleineren Sparer und Rentenversicherten.

Derweil ist im Euroraum ein enormes Machtgefälle zwischen großen Gläubiger- und kleineren Schuldnernationen entstanden. Griechenland kann ein Lied darüber singen. Dieses Machtgefälle hat sich parallel zu der Etablierung gigantischer finanzpolitischer Umverteilungsmechanismen entwickelt – etwa durch den Europäischen Stabilitätsmechanismus (ESM) und noch mehr durch die Europäische Zentralbank, die das finanz- und wirtschaftspolitische Vakuum der nationalen und europäischen Politik ausfüllt. Hinzu kam die Flüchtlingskrise, bei der besonders deutlich wurde, wie stark die nationale Politik mittlerweile ihre (hier etwa grenzpolitische) Souveränität auf die EU übertragen hat. Der Eindruck der Richtungslosigkeit und des Kontrollverlustes ist auf diesem Feld deshalb besonders akut, weil der Verlust an Souveränität auf nationaler Ebene keineswegs durch einen Zugewinn an Souveränität auf europäischer Ebene ausgeglichen wird. Das Dublin-System war der Situation nicht gewachsen.

Es offenbarte sich allzu deutlich die Diskrepanz zwischen humanitären Sonntagsreden und der wenig humanen Realität. In den Worten von Pro-Asyl: „Die Grundregel des Dublin-Systems ist perfide: Jener EU-Staat, der einen Flüchtling die EU hat betreten lassen, ist auch für ihn verantwortlich. Die EU-Regelung schiebt damit die Verantwortung für den Flüchtlingsschutz an EU-Randstaaten ab. Und motiviert sie, Flüchtlinge möglichst effektiv abzuwehren. Oder so schlecht zu behandeln, dass sie in andere EU-Staaten weiterfliehen – die daraufhin versuchen, die Flüchtlinge zurückzuschieben. Die Folge: Flüchtlinge irren durch Europa und werden wie Stückgut hin- und hergeschoben. Aber das Dublin-System ist nicht allein flüchtlingsfeindlich. Die unsolidarische Regelung hat unter den EU-Staaten längst einen existenziellen Konflikt ausgelöst."[6] Dieser Konflikt lässt sich auch nicht dadurch lösen, dass man Länder wie Ungarn oder Polen, die sich nicht an diesem Verschiebesystem beteiligen wollen, als rassistisch bezeichnet.

Die meisten Menschen machen sich nicht unbedingt viele Gedanken über den Allgemeinzustand der Demokratie. Tut man es doch, gewinnt man leicht den Eindruck, man sitze als passiver Passagier in einem Zug, dessen Richtung man nicht steuern kann und in dem die Annehmlichkeiten guten Essens, guter Innenausstattung und guten Lebens nur bestimmten Fahrgastgruppen vorbehalten sind. In diesem mysteriösen Zug, der scheinbar fremdgesteuert, aber auch planlos durch ein eher graues Raum-Zeit-Gefüge fährt, bevölkern bestimmte Klassen separat voneinander getrennte Kabinen unterschiedlicher Qualität, wobei die hinteren

---

6 „Das Dublin-System", Pro Asyl online.

Zugabteile nach außen hin offen für Witterungs- und Einwanderungsverhältnisse jeder Art sind.

In Artikel 20 Abs. 2 des Grundgesetzes steht: „Alle Staatsgewalt geht vom Volke aus." Volkssouveränität verlangt, dass dem Volk das alleinige Recht an der Gesetzgebung zukommt. Dass es in einem von Bevormundung freien Diskussionsraum lebt. Dass es zwischen mehreren politischen Alternativen wählen kann. Dass es sein Gemeinwesen selbst definiert und abgrenzt. Und dass es sich bei seinen grundlegenden Entscheidungen nicht mit Verweis auf Sachzwänge unter Druck setzen lässt. Die Insassen unseres imaginären Raum-Zeit-Zuges erfahren jedoch anderes. Zwar kann das Führungspersonal im Zug in periodischen Abstimmungen gewählt werden. Doch die Kandidaten stammen kaum noch aus den hinteren Abteilen. Zudem sagen alle gewählten Führer, dass der Kurs des Zuges ohnehin vorherbestimmt sei und dass man nicht allein entscheiden könne, weil ominöse Drittparteien, die nur wenigen Leuten bekannt sind, ein Wort mitzureden hätten und weil feste Bestimmungen der Hauptsatzung im Zug dem Führungspersonal die Hände binden würden.

Der Leser sieht: Wir sind nicht zufrieden mit der real existierenden Zugfahrdemokratie. Sie ist ungenügend. Der Anspruch muss höher sein: Eine Demokratie ist ihrem Anspruch nach eine humanistische Staats- und Gesellschaftsform, in der eine selbstbewusste Bürgerschaft von freien und gleichen Menschen in einem öffentlichen, durch Bürgerrechte ermöglichten Diskussions- und Entscheidungsprozess einen maßgeblichen Einfluss auf die Gestaltung ihres politischen Gemeinwesens ausübt. Eine demokratische Politik besteht in einer fortlaufenden Kette autonomer kollektiver Entscheidungen freier Bürger. Doch genau die hier dargelegten Merkmale einer Demokratie – Repräsentativität, Humanismus, Freiheitsorientierung und Zukunftsoffenheit – wurden in den letzten Jahrzehnten untergraben.

Politiker verweisen mehr und mehr auf Sachzwänge, auf Notstände, auf übergeordnete EU-Normen, auf Gerichtsentscheidungen und auf Verfassungsnormen, die den politischen Diskursraum einengen. Auf diese Weise verhalten sie sich ihrerseits wie nachgeordnete Verwaltungsbeamte. Sie haben dafür gesorgt, dass sich mittlerweile ein den souveränen Nationalstaat übergreifender sowie diesen Nationalstaat durchsetzender politischer Machtraum etabliert hat. Dieser inter- und supranationale Machtraum ist seinerseits von den Interessen der mächtigen Nationalstaaten durchsetzt. Entstanden ist auf diese Weise ein durch völkerrechtliche Verträge geschaffenes Geflecht aus Vereinten Nationen (UN), der Welthandelsorganisation (WTO), der Weltbank, dem Europarat (nicht zu verwechseln mit dem Europäischen Rat oder dem Rat der Europäischen Union), der EU und anderen internationalen Körpern. Innerhalb dieses Machtraums hat sich zwar ein Korpsgeist einer teils bevormundenden Expertokratie entwickelt, jedoch kein demokratisches Gemeinwesen.

Interessant ist, dass gerade unser Land, die Bundesrepublik Deutschland, von dieser Entwicklung stark betroffen ist.

Prototyp
der Demokratiehemmung

Die Bundesrepublik Deutschland ist ein gutes Beispiel für ein Land, das sich gerne den Namen „Demokratie" gibt und sich eine Vorbildfunktion als diejenige Nation zuschreibt, die aus den Gräueln zynischer Machtpolitik gelernt hat. Bei genauerem Hinschauen entspricht dieser Staat jedoch nicht wirklich den Anforderungen der Volkssouveränität. Das Grundgesetz, auf das die Deutschen stolz sind, ist zwar ein Gegenprogramm zur brutalen Machtpolitik des NS-Systems. Es setzt die Würde des Menschen an erster Stelle und statuiert, daraus abgeleitet, verfassungsgerichtlich bewehrte Grundrechte. Damit ist das Grundgesetz die Grundlage für ein politisches System, in dem es im Laufe der letzten 70 Jahre zu (nicht immer lupenrein) demokratischen Machtwechseln kommen konnte und sich eine zumindest vordergründig immer buntere Parteienlandschaft entwickeln konnte.

Dennoch gibt es hier ein Problem. Denn im verfassungsrechtlichen Gefüge der Bundesrepublik Deutschland ist ein Grundmisstrauen in den freien Bürger angelegt. Es äußert sich darin, dass der demos, vulgo das gemeine Volk, in vielfacher Weise daran gehindert wird, die Gesetze des Landes effektiv zu bestimmen. Eine Reihe von Kritikpunkten ist recht geläufig: Es gibt auf nationaler Bundesebene bis heute keine Elemente direkter Demokratie. Es gibt auf Landesebene nur spärliche Elemente direkter Demokratie. Ein großer Teil der in den Bundestag gewählten Abgeordneten ist kaum einem Bürger bekannt, da diese als Eigengewächse der Parteien mittels undurchsichtiger Seilschaften oder linientreuen Verhaltens einen der begehrten Listenplätze ergattert haben. Die allermeisten Gesetzesinitiativen gehen nicht vom gewählten Parlament aus. Eine überwältigende Vielzahl der Gesetze, die schließlich vom Bundestag beschlossen werden, entspricht in ihrem genauen Wortlaut den Vorformulierungen, die von der federführenden Ministerialbürokratie ausgearbeitet worden sind. Das Parlament begnügt sich mit Abnicken.

Das parlamentarische Tagesgeschäft besteht meist nur aus einer tristen Abfolge spärlich besetzter und langweiliger Ausschusssitzungen (für die sich die Öffentlichkeit ohnehin nicht interessiert).

Solche und ähnliche Kritikpunkte leuchten auf den ersten Blick ein. Doch den eigentlichen Kern dessen, warum es im Gesetzgebungsbetrieb der Bundesrepublik Deutschland nicht sonderlich demokratisch zugeht, treffen sie nicht. Man könnte nämlich den Kritikern entgegenhalten, dass gerade die Dominanz derjenigen Regierung, die auf der Grundlage einer im vorhergehenden Wahlkampf errungenen Parlamentsmehrheit agiert, die Gewähr dafür leistet, dass der Wählerwille wirklich repräsentiert wird. Der originäre demokratische Akt erfolgt durch den aus der Wahl hervorgehenden Regierungsauftrag, der entschlossen wahrgenommen werden sollte. Profilierte Führungspersönlichkeiten, die ein aussagekräftiges politisches Programm verkörpern und die Regierung besetzen, können zum einen mithilfe eines Fraktionsvorsitzenden als „Einpeitscher" dafür sorgen, dass der Wählerwille in Gesetzesform gegossen wird. Auf der anderen Seite bieten sie als Spitze der Exekutive die Gewähr dafür, dass ebenjenes politische Programm von den Funktionsträgern innerhalb der staatlichen Exekutive respektiert und umgesetzt wird.

Erst durch diesen Prozess kann die Legitimationskette „von unten nach oben" entstehen, die als unabdingbarer Bestandteil einer Demokratie angesehen wird. Und erst dadurch ergibt sich die Möglichkeit einer parlamentarischen, aber auch außerparlamentarischen Opposition, das politische Agieren der Regierungsmehrheit zu kritisieren, sich dagegen zu profilieren, die Regierung für Missstände verantwortlich zu machen und politische Alternativen darzulegen, um ggf. in der nächsten Legislaturperiode selbst den Regierungsauftrag zu erhalten. Erst auf diese Weise entsteht politische Resonanz und eine öffentliche Debatte, in der sich ein großer Teil der Bevölkerung wiederfindet.

Demokratie mit deutlichen Abstrichen

Was wir gerade beschrieben haben, nennt sich bekanntlich parlamentarische Demokratie. Doch damit diese ihrem Anspruch gerecht werden kann, muss sie ein Parlament haben, das auch wirklich Ausdruck von Volkssouveränität ist. Das eigentliche Problem, mit dem wir es im staatlichen Gebilde der Bundesrepublik zu tun haben, liegt darin, dass eine hier skizzierte lebendige Demokratie ein Machtzentrum braucht, das auf der Grundlage einer gesetzgeberischen Volksvertretung agiert, die wirklich die Souveränität des Volkes verkörpern kann. Doch das kann ein Parlament nur dann, wenn es in Fragen der Gesetzgebung und in Fragen grundlegender politischer Richtungsentscheidungen die ganz und gar alleinige Verantwortung trägt, indem ihr also die alleinige Letztentscheidung in diesen Fragen zukommt. Erst dann ist es nicht mehr möglich, der politischen Verantwortung gegenüber den Bürgern auszuweichen, indem man auf andere Entscheidungsträger verweist.

Doch genau diese Art souveräner Entscheidungsgewalt und Letztverantwortung, die die Rechenschaft einer parlamentarischen Regierungsmehrheit gegenüber dem Volk erst ermöglicht, wird im Institutionengefüge Deutschlands auf mehrfache Art und Weise durchbrochen. Es beginnt mit der Rolle, die der Bundesrat spielt, in dem die Regierungen der Bundesländer am Gesetzgebungsprozess Deutschlands beteiligt sind.

Der Bundesrat hat die Möglichkeit, durch Einsprüche die Entstehung von Gesetzen zu verzögern, wenn er nicht gar die Möglichkeit hat, bei zustimmungsbedürftigen Gesetzen eine Art Veto einzulegen.

Der gesetzgeberische Betrieb der Bundesrepublik ist damit auf eine Weise arrangiert, welche die Rechenschaft der gewählten Volksvertreter verlagert – weg von den Wählern und hin zur Länderkammer. Der Bundestag muss sich mit dem Bundesrat ins Benehmen setzen. Im intimen Zusammenspiel zwischen direkt gewähltem Bundestag und nicht gewähltem, sondern von den Landesregierungen (nach Vorbild der preußischen Fürstenkammer) beschicktem Bundesrat wird so die Erörterung grundlegender politischer Fragen in vermittelnde Hinterzimmer verlagert. Das Volk und seine Vertreter haben das Recht zur Gesetzgebung, das heißt die Kompetenz grundlegender Weichenstellungen bei Fragen der Entwicklung des Gemeinwesens, nicht exklusiv und allein inne, sondern teilen dieses Recht mit nicht direkt gewählten Organen. Auf diese Weise wird das vom Volk gewählte Repräsentationsorgan abhängig von Instanzen, deren Vertreter dem Volkswillen entrückt sind.

Erwähnt werden sollte an dieser Stelle auch, dass nur die Hälfte der Bundestagsabgeordneten in ihren jeweiligen Wahlkreisen direkt vom Volk gewählt wird, der Rest zieht über Parteilisten ins Parlament ein. Auch diese Besonderheit des deutschen Wahlrechts mindert den Einfluss des Wahlbürgers. Er kann sich mit der Zweitstimme nur für eine Partei entscheiden, nicht für eine Person. So landen dann die in der Direktwahl unterlegenen Kandidaten über ihre sicheren Listenplätze letztlich auch im Parlament. Und ob man wiedergewählt wird, hängt weniger davon ab, ob man die Erwartungen der

Wähler erfüllt, als davon, ob man in der Gunst der Parteispitze bleibt.

Weiterhin problematisch ist das Wirken des Bundesverfassungsgerichts (BVerfG). Es spielt eine ambivalente Rolle. Einerseits hat das BVerfG durch eine kontinuierliche, jahrzehntelange Serie von Urteilen freiheitsfeindliche Übergriffe der Politik abgebremst. Es sichert mit seiner Rechtsprechung die Privatsphäre der Bürger, deren Meinungsfreiheit und andere Grundrechte. Auf diese Weise erwarb sich das Gericht den Ruf einer herausragenden Institution, die im Rahmen der „freiheitlich-demokratischen Grundordnung" die Demokratie davon abhält, so etwas wie Selbstmord zu verüben.

Andererseits gibt es ein folgenschweres Problem. Denn stets hängt über dem politischen Willensbildungsprozess das Damoklesschwert punktueller verfassungsrechtlicher Interventionen. Politische Debatten im Volk und im Parlament werden unter Vorbehalt geführt. Das BVerfG greift als Judikative immer wieder korrigierend in die Tätigkeit der gewählten Legislative ein – und durchbricht schon auf diese Weise den Gedanken einer parlamentarischen Letztverantwortung als notwendiger Bedingung eines dem Souverän, also dem Volk, gegenüber rechenschaftspflichtigen Gesetzgebungsbetriebes.

Sein nach wie vor hohes Ansehen, das sich das Bundesverfassungsgericht in der allgemeinen Bevölkerung in seinem mittlerweile 70-jährigen Wirken erworben hat, deutet auf ein problematisches Demokratieverständnis hin. Es ist Ausdruck einer gewissen Demokratiemüdigkeit. Viele Bürger wollen heute freiheitliche und gerechte Lebensverhältnisse nicht mehr auf dem Wege politischen Wettstreits, auf der Straße oder im Parlamentssaal, sondern vor Gericht erkämpfen. Es wird versucht, auf dem Wege höchstgerichtlicher Prozeduren einer Verfassungs- und Menschenrechtsjudikatur politische Verbesserungen zu erreichen. Um immer mehr Angelegenheiten gerichtlich regeln zu können, wird das Grundgesetz beständig ausgebaut. Das mag verlockend sein, es ebnet jedoch letztlich einer elitären Geringschätzung der Souveränität und Integrität der Bürgerschaft samt ihrer politischen Vertreter den Weg. Ein kleinbürgerliches Misstrauen gegenüber seinesgleichen und seinem Nachbarn drückt sich ohnehin in der allgemeinen Billigung eines Gerichts- und Verwaltungsstaates aus, der Behörden und Gerichten bei der Handhabung bestehender Gesetze eine erhebliche Interpretationsmacht einräumt.

Einer wachsenden Zahl von politischen Weichenstellungen und Grundentscheidungen wird Verfassungsrang gegeben. Jede Forderung, dieses oder jenes müsse im Grundgesetz aufgenommen werden, ist eine Forderung, die Demokratie zu beschränken. Auf diese Weise macht sich das System immun gegenüber politischen Änderungswünschen zumindest solcher demokratischer Mehrheiten, die nicht groß genug sind, um verfassungsändernd zu sein.

Hinzu kommen völkerrechtliche Abkommen, an die sich Deutschland bindet. Auf diese Weise wird der Raum für politische Alternativen noch weiter eingeschränkt. Dies führt zu einer Verkalkung des politischen Willensbildungsprozesses. Es verhindert jenen auf Versuch und Irrtum basierenden Lernprozess, den ein Gemeinwesen zu seiner eigenen Weiterentwicklung braucht.

Wenn's außerdem ums Geld geht, hört der Spaß auf. Und die Demokratie offenbar auch. Deshalb wird viel Wert auf unabhängige Zentralbanken gelegt. Die Geldpolitik ist zunehmend der Sphäre der Entscheidungsgewalt des Volkes und seiner parlamentarischen Vertreter enthoben und auf expertokratische Gremien wie etwa der Bundesbank und später der Europäischen Zentralbank übertragen worden. So werden entscheidende Bereiche der Finanz- und Wirtschaftspolitik vollständig aus dem demokratischen Prozess entfernt. Indem die Geldpolitik dem Zugriff eines aus demokratischen Wahlen hervorgegangenen Gesetzgebers entzogen ist, fehlt dem demokratischen Souverän das geldpolitische Mittel, um auf diese Weise konjunkturelle Impulse zu setzen.

Alle diese Entwicklungen zeigen, dass schon auf der nationalen Ebene des deutschen Staates die Volksherrschaft auf vielfache Weise verhindert wird. Deutlich wird ein demokratieskeptisches Grundmisstrauen gegenüber dem freien Bürger. Das zeigt sich anhand des Prinzips der so genannten wehrhaften Demokratie, die durch Inlandsgeheimdienste und durch die Möglichkeit von Parteiverboten unterstützt wird. Ferner zeigt sich die Demokratieskepsis anhand des Fehlens von Volksabstimmungen auf Bundesebene, anhand der herausgehobenen Rolle des Bundesverfassungsgerichts, anhand der von demokratischen Mehrheitsmeinungen immunen Verfassungsprinzipien und anhand der Institutionen wie etwa der Zentralbank, die bestimmte Politikbereiche komplett aus dem demokratischen Prozess lösen. Insgesamt ist Deutschland somit von einem Verfassungsgebilde geprägt, das dafür sorgt, dass sich der Politikbetrieb maßgeblich in den Händen einer expertokratischen Führungsschicht befindet, die weniger dem Volk als vielmehr sich selbst gegenüber rechenschaftspflichtig ist.

Wir haben es im Grunde mit einer Wahl- und Ernennungsoligarchie zu tun. In dieser werden in periodischen Abständen von einer sonst eher unbeteiligten Bürgerschaft aus einem kleinen Personenkreis die Mitglieder der parlamentarischen Entscheidungsorgane bestimmt. Und diese Entscheidungsorgane bestimmen wiederum mitsamt Regierungen weitere maßgebliche Entscheidungsträger in verschiedenen Gerichten, EU-Gremien und sonstigen Körpern. Das ist eine sehr schwache Form von Demokratie.

Damit nicht genug. Hinzu kommt der Verzicht auf nationalstaatliche Souveränität. Indem immer mehr Kompetenzen auf die EU übergehen, müssen nationale Regierungen sich immer weniger vor ihren Wählern rechtfertigen und brauchen sich immer weniger an deren Interessen zu orientieren.

Europäische Union forciert den Demokratieabbau

„Die Eurozone bietet ein extremes Beispiel für ein politisches System, in dem die Menschen das Gefühl haben, immer weniger mitreden zu können. Aber eine Ausnahme ist sie keineswegs. Unbeachtet von den meisten Politologen hat sich in Nordamerika und Westeuropa eine Spielart des undemokratischen Liberalismus ausgebreitet: In diesem Regierungssystem werden rechtsstaatliche Normen (zumindest meistens) penibel eingehalten und die Rechte von Einzelnen (jedenfalls in der Regel) respektiert. Trotzdem haben die Wähler seit Langem das Gefühl, dass ihr Denken auf das Tun des Staates kaum mehr Einfluss hat. Ganz falsch liegen sie mit dieser Einschätzung nicht", schreibt der Politologe Yascha Mounk.[7]

Am Beispiel der Europäischen Union lässt sich erkennen, dass die oben genannten demokratiehemmenden Tendenzen

---

[7] Yascha Mounk: „Der Zerfall der Demokratie: Wie der Populismus den Rechtsstaat bedroht", Droemer eBook, Kindle-Version 2018.

in den letzten Jahrzehnten in einen immer offener zutage tretenden Demokratieabbau mündeten. Indem sich Deutschland in ein dichtes Netz völkerrechtlicher, europarechtlicher und supranationaler Strukturen einbinden ließ, wurden dauerhafte Strukturen geschaffen, die eine noch weitergehende Distanz zum normalen Bürger erzeugen konnten.

In diesen Strukturen agiert ein Kollektiv von Spitzenpolitikern, Beamten, Lobbyisten, Richtern und anderen Funktionsträgern noch weiter von der Lebenswelt der Normalbürger entfernt – und noch viel unabhängiger vom demokratischen Mehrheitswillen. Von einem demokratischen Gemeinwesen sich einander verständigender Bürger kann ohnehin nicht die Rede sein, da schon die bestehenden Sprachbarrieren einen echten Kommunikationsprozess in hohem Maße erschweren. Schaut man sich den politischen Willensbildungsprozess im Rahmen der Europäischen Union ein wenig genauer an, so wird deutlich, dass dieser noch nicht einmal den Charakter der Wahloligarchie aufweist, sondern eine noch stärkere Verselbständigung der Apparate befördert.

Um deutlich zu machen, wie die EU strukturiert ist, stellen wir uns vor, wie die Bundesrepublik in etwa organisiert wäre, hätte sie die Strukturen der EU. Dann würde sich dieser Staat aus 28 Bundesländern zusammensetzen und 24 Amtssprachen beherbergen. In diesem Deutschland würden beispielsweise Bundesgesetze in nicht wenigen Fällen allein von den im Bundesrat, der hier das Hauptgesetzgebungsorgan wäre, zusammentretenden Landesregierungen beschlossen, die sich häufig nur mittels Übersetzern verständigen könnten. Den Medien dieser imaginären Bundesrepublik fiele es sehr schwer, den Bevölkerungen in den verschiedenen

Bundesländern den Inhalt der Diskussionen in diesem Bundesrat zu vermitteln.

Das Parlament, also der Bundestag, in dem eine vielsprachige Abgeordnetenschaft säße, ginge aus Wahlen hervor, in denen die Einwohner bevölkerungsschwächerer Bundesländer ein höheres Stimmengewicht hätten als die Einwohner der größeren Länder. Er nähme ungefähr die Funktion ein, die der Bundesrat im wirklichen Deutschland tatsächlich hat: Er agierte nämlich als ein Organ, das anzuhören ist, Gesetzgebungsprozesse verzögern kann und in einer wachsenden Vielzahl auch eine Art Vetorecht im Gesetzgebungsprozess ausüben könnte. Mehr aber nicht.

Hinzu käme, dass in dieser imaginären Bundesrepublik noch eine Art „Hohe Unabhängige Behörde" geschaffen worden wäre, deren Präsident samt seiner ihm untergebenen „Kommissare" als Kollegium von den Ministerpräsidenten der Bundesländer nach einem undurchsichtigen Aushandlungsprozess vorgeschlagen und vom Bundestag schließlich bestätigt werden würden. Die verschiedensprachigen Ministerpräsidenten samt ihrer hohen Beamten kämen außerdem alle sechs Monate zu einer hoch vertraulichen Sitzung eines – nennen wir ihn hier – „Deutschen Rates" zusammen. In dieser Sitzung vereinbarten sie die Leitlinien der Politik der kommenden Monate und Jahre. Innerhalb der Vorgaben dieser Vereinbarungen würde sich dann auch der reguläre Gesetzgebungsprozess dieser seltsamen Bundesrepublik abspielen.

Die EU ist ein supranationales, also überstaatliches System, das vom Intergouvernementalismus, also der Zusammenarbeit und dem Zusammenspiel der nationalen Regierungen, überlagert und durchsetzt wird. Es ist ein System, das der Öffentlichkeit nur teilweise in oberflächlichen Ausschnitten zugänglich ist. In diesem System vermengen sich nicht nur die nationalen Ebenen mit der übernationalen Ebene. In diesem System vermischen sich auch die legislativen, exekutiven und richterlichen Gewalten. Der intergouvernementale Europäische Rat der Staats- und Regierungschefs steckt in einem eher informellen Prozess den großen Rahmen der europäischen Politik ab, innerhalb dessen die europäische Gesetzgebung abläuft. Er veranstaltet seine Sitzungen unter höchster Geheimhaltungsstufe. Der supranationale Ministerrat, das wichtigste Organ der formalen EU-Gesetzgebung, entwickelt seine Rechtsakte in zahlreichen, geheim tagenden Untergliederungen. Dabei arbeitet er Hand in Hand mit der supranationalen EU-Kommission, in der sich ausgeprägtes Fachwissen konzentriert und die aufgrund ihres Initiativmonopols für europäische Rechtsakte eine zentrale Rolle im Gesetzgebungsprozess innehat.

Die souveräne Macht der Gesetzgebung sollte eigentlich – der ursprünglichen Idee des demokratischen Parlamentarismus zufolge – ganz allein im Parlament gebündelt sein. Erst wenn das Parlament wirklich souverän ist, kann – wie bereits oben erklärt – die politische Spitze auf der Grundlage einer in Wahlen errungenen parlamentarischen Regierungsmehrheit dem Staatsvolk gegenüber rechenschaftspflichtig agieren. Nur so sind die Verfahren auch für Nicht-Experten einsichtig und verständlich. Im Gegensatz zu diesem Anspruch steht ein feudalistisch anmutender Institutionenwirrwarr im Wechselspiel zwischen supranationaler und nationaler Ebene, das häufig noch nicht mal mehr von politischen Insidern überblickt werden kann.

In der EU ist die Demokratie nicht nur beschränkt. Es gibt in der EU vielmehr keine Demokratie. Denn auf EU-Ebene wird die nötige demokratische Legitimitätskette von unten nach oben noch häufiger unterbrochen als im ohnehin schon problematischen Gefüge Deutschlands. Der Prozess der Setzung allgemeinverbindlicher Normen ist von einem Mehrheitswillen einer demokratischen Öffentlichkeit vollständig abgekoppelt. Die EU wird von keiner Regierung verkörpert, die auf Grundlage von Parlamentswahlen eine Mehrheit eines europäischen Staatsvolkes errungen hätte. Im Rahmen der EU gibt es keine Rechenschaftspflicht einer wie auch immer gearteten europäischen Regierung gegenüber einem wie auch immer gearteten europäischen Staatsvolk.

Die nationalen Wählerschaften beeinflussen mittels nationaler Parlamentswahlen zwar indirekt die Bildung ihrer jeweiligen Regierungen (bei Präsidentschaftswahlen auch direkter). Doch die Wähler können das Zusammenwirken dieser Regierungen, der nationalen Minister, der Regierungschefs und Staatsoberhäupter auf europäischer Politikebene – im Europäischen Rat und Ministerrat – schon deswegen nicht hinreichend kontrollieren und beeinflussen, weil bei nationalen Wahlen gesamteuropäische Themen kaum eine Rolle spielen. Und die „europäischen" Wählerschaften wählen zwar das Europäische Parlament, doch dieses ist – obwohl es mittlerweile auf einem breiten Feld Mitentscheidungskompetenzen hat – nicht alleiniger Souverän in Fragen der Regierungsbildung und der anschließenden Politik auf europäischer Ebene. Denn der Europäische Rat und der Ministerrat, in dem die Regierungen der Nationalstaaten zusammenwirken, haben bislang auf allen Politikfeldern der EU eine unumgängliche Blockademacht. Und sowohl der Europäische Rat als auch der Ministerrat als Organe werden bei keiner europaweiten Wahl von einem „europäischen Staatsvolk" gewählt.

War in der staatsorganisationsrechtlichen Binnenstruktur der Bundesrepublik Deutschland das Parlament noch Hauptgesetzgeber, so sind dies im Rahmen der EU die nationalen Regierungen, die im regulären EU-Rechtsetzungsprozess im Ministerrat zusammentreten. Sie bestimmen zusammen mit der EU-Kommission, die das grundsätzlich alleinige Initiativrecht innehat und Rechtsetzungsinitiativen ausarbeitet, maßgeblich den Rechtsetzungsprozess. Zwar ist das EU-Parlament fortwährend gestärkt worden. Es hat auf wachsenden Gebieten der Gesetzgebung, aber auch des Haushaltes und der Besetzung von Spitzenposten in der EU-Kommission eine Art Vetorecht. Doch das macht die Lage nicht wirklich besser. Es verstärkt sogar den oligarchischen Charakter der Machtstrukturen, der sich dadurch entwickelt, dass nun ein dem außenstehenden Beobachter nicht zugängliches informelles Machtzentrum entstanden ist – anstelle eines als solchem erkennbaren, formellen Machtzentrums. In diesen Machtstrukturen tritt keine Letztverantwortung eines Gesetzgebungsorgans mehr zutage, das mittels Wahlen von einer gesamteuropäischen Wählerschaft und Öffentlichkeit zu jener Rechenschaft gezogen werden kann, die eine öffentlichkeitswirksame Resonanz in einer ohnehin zerklüfteten europäischen Öffentlichkeit erst entstehen lassen könnte.

Oligarchische Schattenöffentlichkeit und verwirrendes Mehr-Ebenen-System

Die EU ist also ein Herrschaftsgebilde, dem es an einer lebendigen Wechselbeziehung zwischen europäischen Institutionen und dem Leben der normalen Bürger fehlt. Es kommt zu keiner lebendigen Wechselbeziehung zwischen Wahlentscheidungen des „Volkes" und einer parlamentarisch vermittelten Regierungspolitik. Deshalb ist die gesamteuropäische Öffentlichkeit sehr schwach ausgeprägt. Wie bereits in der Bundesrepublik Deutschland, nur noch stärker, offenbart sich im Rahmen der EU das Erfordernis eines fortwährenden Verhandlungsprozesses zwischen den Organen Rat, Parlament und Kommission zur Entstehung von EU-Recht. Als „Demokratie ohne Volk" beherbergt die EU in Brüssel einen durchaus vielfältigen, aber selbstgenügsamen Apparat, der nach eigenen Regeln und Aushandlungsroutinen fleißig und unablässig Vorschriften in Form von Richtlinien, Verordnungen und Entscheidungen produziert.

Dabei ist ein Großteil des eigentlichen Diskussionsprozesses in vermittelnde Expertenuntergliederungen sowie andere nicht öffentliche Gremien verlagert. Genau das ermöglicht es finanzstarken, mit Expertise versierten und gut vernetzten Gruppen, ihre Interessen durchzusetzen. Es floriert eine Schattenöffentlichkeit aus Spitzenpolitikern, Abgeordneten, Beamten, internationalen Anwaltskanzleien, Nichtregierungsorganisationen und anderen Lobbygruppen: eine informelle Kaste aus in absoluten Zahlen tausenden, gar zehntausenden Mitgliedern, die als winziges Machtzentrum in relativen Zahlenverhältnissen dennoch im Promillebereich der Gesamtbevölkerung der EU liegt.

Als Paradebeispiel für die Verwirrung und Verärgerung, die das mehrere Hierarchieebenen, mehrere Gesetzgebungsorgane und mehrere Gesetzesanwendungsorgane durchziehende Wirken der heutigen Politik bei der normalen Bevölkerung dann auslösen kann, mag die so genannte „Dieselkrise" dienen. Hier wird besonders deutlich, wie das Volk seiner Rolle als Souverän, also als originärer Gesetzgeber, beraubt wurde:

Die Souveränität wurde einerseits auf verschiedene Hierarchieebenen – von der UN-Ebene bis zur kommunalen Ebene –, andererseits auf verschiedene Gewalten verlagert. Ausgangspunkt der Dieselkrise sind so genannte Luftqualitätsleitlinien für Europa, die von der Weltgesundheitsorganisation (WHO) auf UN-Ebene im Jahre 1996 verabschiedet wurden – und die den mittlerweile berühmten Grenzwert von 40 Mikrogramm pro Kubikmeter für Stickstoffdioxid ins Leben riefen.

Obwohl Fachleute der WHO diesen Grenzwert intern als übertrieben bewerteten, schlug ihn die EU-Kommission am 8. Oktober 1997, damals noch auf der Grundlage des Maastrichter Vertrages (dessen Geltung am 1. Mai 1999 vom Amsterdamer Vertrag abgelöst wurde), in ihrer Richtlinien-Initiative vor, die schließlich von den Umweltministern im Ministerrat ohne die damals noch nicht nötige Zustimmung des Europäischen Parlamentes in Gestalt der Richtlinie 1999/30/EG angenommen wurde. In der darauf folgenden Richtlinie 2008/50/EG, die im Jahr 2008 auf einer inzwischen veränderten europarechtlichen Grundlage, nämlich des Vertrages von Nizza, unter der zustimmenden Beteiligung des Europäischen Parlamentes erlassen wurde, fand die Geltung des Grenzwertes seine Fortsetzung. Beide hier genannten Richtlinien wurden in nationales Recht umgesetzt: Man übernahm den Grenzwert in einer auf der Rechtsgrundlage von §48a Bundesimmissionsschutzgesetz (BImSchG) beruhenden, vom Bundesumweltministerium erlassenen Rechtsverordnung (konkret: 39. Verordnung zur Durchführung des Bundesimmissionsschutzgesetzes).

Das Mehrebenensystem setzt sich nun fort auf die Ebene der Bundesländer, die gemäß §47 BImSchG so genannte „Luftreinhaltepläne", beispielsweise in Hessen durch das Landesumweltministerium (in anderen Bundesländern wie etwa Rheinland-Pfalz auch durch die Kommunen), zu erlassen haben, um die Einhaltung des in oben genannter Rechtsverordnung genannten Grenzwertes zu gewährleisten. Und notfalls muss dieser Grenzwert eben auch durch Fahrverbote gewährleistet werden. Diese Fahrverbote werden – hier landen wir schließlich auf der kommunalen Ebene – durch den im juristischen Sprachgebrauch „Allgemeinverfügung" genannten Verwaltungsakt eines von der kommunalen Straßenverkehrsbehörde aufgestellten Verkehrsschildes konkret vollstreckt. Das klingt schon kompliziert genug. Es kommt jedoch etwas hinzu, das die Dieselkrise besonders frappierend macht.

Die Krux besteht nämlich darin, dass inzwischen aufgrund von Entscheidungen von Verwaltungsgerichten auf Länderebene, unter höchstrichterlicher Zustimmung durch das Bundesverwaltungsgericht und aufgrund all diese Rechtsprechung anleitender Rechtsprechung des Europäischen Gerichtshofes sogar ein eigenmächtiges, das heißt vom Willen des parlamentarischen nationalen Gesetzgebers unabhängiges Handeln der Justiz- und Exekutivorgane gebilligt wird. Die auf kommunaler Verwaltungsebene angesiedelte Exekutive, die hier in der Erscheinungsform einer Straßenverkehrsbehörde agiert, kann nun den Erlass von Fahrverboten auch ohne eine ausdrückliche nationale Rechtsgrundlage anordnen – ja sogar entgegen einer bundesgesetzlichen Bestimmung, die Fahrverbote ausdrücklich untersagt.

Die Straßenverkehrsbehörde (und im Falle einer Klage das überprüfende Verwaltungsgericht) muss nur im Rahmen einer Ermessensentscheidung zu dem Schluss kommen, dass Fahrverbote nötig seien, um die europarechtlich verfügten Grenzwerte tatsächlich einzuhalten. Der entscheidende Satz des Bundesverwaltungsgerichtes in seinem Urteil vom

27.02.2018 lautet: „Das angerufene nationale Gericht ist gehalten, [...] für die volle Wirksamkeit der Bestimmungen des Unionsrechts zu sorgen, indem es erforderlichenfalls jede entgegenstehende nationale Rechtsvorschrift aus eigener Entscheidungsbefugnis unangewendet lässt, ohne dass es die vorherige Beseitigung dieser Vorschrift auf gesetzgeberischem Weg oder durch irgendein anderes verfassungsrechtliches Verfahren beantragen oder abwarten müsste."

Auf diese Weise wurde dafür gesorgt, dass für die potenziell existenzbedrohlichen und enteignungsgleichen Fahrverbote auf nationaler Ebene keine ausdrückliche und damit hinreichend bestimmte gesetzliche sowie untergesetzliche Rechtsgrundlage nötig ist. Es wurde und es wird dabei bis zum heutigen Tag allein auf den durch den EuGH seit den Sechziger-Jahren statuierten Vorrang des Europarechts vor jeglichem nationalen Recht verwiesen, um in der Tendenz eigenmächtige Ermessensentscheidungen der Straßenverkehrsbehörden zu rechtfertigen, die bei der Frage, wie die EU-Grenzwerte schnellstmöglich zu befolgen seien, eben auch Fahrverbote umfassen können.

In aller Deutlichkeit zeigt die Dieselkrise auf, wie sehr sich die Souveränität des Volkes verflüchtigt hat: Die souveräne, originäre Macht der Gesetzgebung wird auf eine für den Bürger schwer bis gar nicht zu durchschauende Weise einerseits auf die unzugängliche EU-Ebene, die hier mit der UN-Ebene interagiert, verlagert. Der Wirkungsbereich dieser Gesetzgebung erstreckt sich dann auf die unteren Ebenen – die nationale Ebene, die Landesebene bis hinein in die kommunale Verwaltungsebene. Andererseits verlagert sich souveräne Gesetzgebungsmacht auf verschiedene Gewalten – in Gestalt von EU-Parlament, nationalen Regierungen, supranationaler EU-Kommission, aber auch in Gestalt des

Europäischen Gerichtshofs auf die Judikative. Ausgeweitet wird die quasi-gesetzgeberische Macht der Judikative, die der Exekutive eine erhebliche Interpretationsmacht in Bezug auf Fragen zubilligt, wie etwa im konkreten Fall rigide Zielvorgaben der EU erreicht werden können.

Dabei werden auch freihändige Entscheidungen gebilligt, die mitunter in die Eigentumsgarantie eingreifen – und auch entgegenstehende Entscheidungen der nationalen Parlamente übergehen können. Wir sehen hier also eine undemokratische Abhängigkeit der Entstehung von Gesetzen sowie eine undemokratische Abhängigkeit der Interpretation von Gesetzen – nämlich eine Abhängigkeit von exekutiven und justiziellen Organen, die von der Bürgerschaft nicht direkt gewählt werden.

Bei der real existierenden EU haben wir es mit einem Machtraum zu tun, in dem sich die subnationalen, nationalen, supranationalen und internationalen Ebenen mitsamt ihrer verschiedenen Gewalten verflechten. Und dieser Machtraum beherbergt kein politisches Gemeinwesen, geschweige denn ein Volk, dem die Politiker, Lobbyisten, Nichtregierungsorganisationen, Kommissionsbeamten und UN-Beauftragten, die in den verfassungs-, europa-, und völkerrechtlich verankerten Institutionen agieren, demokratische Rechenschaft schulden. Die neue Kaste der Politmanager bezieht ihre Legitimation vielmehr aus selbst ausgewählten globalistischen Imperativen einer vom verstorbenen, dennoch nach wie vor einflussreichen Soziologen Ulrich Beck als solche bezeichneten „Welt-Risiko-Gesellschaft".

Globalismus und anti-
demokratischer Komplexitäts-
fetischismus

Kommen wir nun also zum Globalismus, der einen weiteren profunden Angriff auf die Demokratie lanciert. Beim Globalismus handelt es sich um eine Denkweise, die meint, sich an globalen, ganzheitlichen Zusammenhängen zu orientieren. Das zentrale Dogma lautet, die globalen Zusammenhänge seien durch den Prozess fortschreitenden ökonomischen, rechtlichen und kulturellen Zusammenwachsens zu einer planetarischen Weltgesellschaft derart komplex, dass souveräne Nationalstaaten unfähig seien, diese zu steuern oder zu gestalten.

Wir wollen nicht in Abrede stellen, dass unsere Welt aufgrund phänomenaler Kommunikations- und Transportmöglichkeiten auf nicht wenigen Gebieten tatsächlich global vernetzt ist. Doch muss aus dieser Globalisierung notwendig eine globalistische Weltsicht erwachsen? Stellt der Globalismus wirklich einen menschlichen Fortschritt dar? Überwindet er wirklich die vorgebliche „Provinzialität" der Menschen? Man könnte schon meinen, dass er die Politik auf ein höheres und komplexeres Abstraktionsniveau hebt, indem er sich munter und mit großer Geste auf die Belange „zukünftiger Generationen", auf die Blickwinkel anderer Kulturen, auf die gesamtökologischen Zusammenhänge und globale makroökonomische Verflechtungen bezieht. Doch genau das ist das Problem. Er tut dies nämlich dadurch, dass er die Fähigkeiten normaler Bürger zur Reflexion über komplexe Fragen schlichtweg negiert. Von globalistischer Warte aus ist das Volk nicht zu befragen, sondern zur rechten Sicht der Dinge zu bewegen.

Im Kern handelt es sich um eine Denkweise, die sich überlegen gegenüber einer konkreten Interessenvertretung zugunsten von Menschen wähnt, die als Bürger geographisch in einem begrenzten Raum verortet sind, in überschaubaren Zeitrahmen planen und agieren und sich einer bestimmten Nation auch kulturell zugehörig fühlen. Der Globalismus gibt vor, mittels überlegener raumzeitlicher und kultureller Kategorien zu agieren und bei all seinen Beweggründen auch die Interessen oder Aspekte „zukünftiger Generationen", anderer Kulturen, anderer Weltgegenden zu berücksichtigen und dabei nicht zuletzt übergeordnete Systemzusammenhänge in den Blick zu nehmen.

Globalisten sehen sich mitunter als „Meta"-Menschen mit mindestens einsteinschen Fähigkeiten multidimensionaler Erkenntnisfähigkeit. Wer das übertrieben findet, der achte auf öffentliche Aussagen des bereits oben erwähnten Hans Joachim Schellnhuber. Wiederholt hatte dieser als „Klimapapst" titulierte Berater von Bundeskanzlerin Angela Merkel vorgeschlagen, dass „10 Prozent aller Parlamentssitze" mit „Ombudsleuten" zu besetzen seien, die „ausschließlich die Interessen zukünftiger Generationen vertreten". Allein diese Aussage wirft ein Schlaglicht auf eine anmaßende, undemokratische und größenwahnsinnige Geisteshaltung solcher Leute, die sich anscheinend in anderen Raumzeit-Dimensionen unterwegs wähnen als die übrigen 99,999 Prozent der Bevölkerung.

Dabei hat sich besonders bei so genannten Klimaexperten die Überzeugung verfestigt, dass wir uns in einer Art „Klima"-Notstand befinden, der von vielen leider nicht als solcher „verstanden" wird und daher den Verzicht auf Demokratie zum moralischen Gebot mache, um den Planeten zu retten. So schreiben beispielsweise die Australier David

Shearman und Joseph Wayne in ihrem Buch „The Climate Change Challenge and the Failure of Democracy": „Wir benötigen eine autoritäre Regierungsform, um den Konsens der Wissenschaft zu Treibhausgasemissionen" zu implementieren.[8] Auch der Klimaforscher James Hansen schreibt, dass im Fall der Klimaänderung der demokratische Prozess nicht funktioniere. Und James Lovelock spricht gar von einem „Kriegszustand", in dem wir die Demokratie aufgeben müssten.[9]

Elitäre, demokratieskeptische und auch explizit antidemokratische Sichtweisen zeigen sich aber nicht nur in der Debatte über den Klimawandel. Auf breiter Front nämlich wird die intellektuelle Kapazität normaler Wahlbürger angezweifelt, wenn nicht schlichtweg abgestritten, wenn es um „komplexe" Zusammenhänge geht. Sachverhalte internationaler Wirtschaftsbeziehungen, internationaler „System"-Fragen, des globalen Einflusses des Menschen auf Natur und Klima, internationaler Fragen der Migration und der kulturellen Dynamik können nach Ansicht der Globalisten ohne Anleitung durch Expertengruppen – seien es Klimaforscher, Finanzmarktexperten, außenpolitische Koryphäen, Verhaltensforscher oder andere Auserwählte – niemals begriffen, geschweige denn gestaltet werden.

Sogar ein Volkswirt wie Heiner Flassbeck, der sich gerne als humaner Aufklärer sieht und dafür streitet, die Masse der Bevölkerung am ökonomischen Fortschritt zu beteiligen, ist von diesem elitären Denken befallen. In seinem 2018 erschienenen, zusammen mit Paul Steinhardt geschriebenen, an sich lehrreichen Buch „Gescheiterte Globalisierung" hebt

---

[8] „Wenn Forschern die Demokratie lästig wird", Spiegel Online 29.12.2009.

[9] Ebd.

er die Aufgabe kompetenter, makroökonomisch geschulter „Systemadministratoren" hervor, die unsere Volkswirtschaft in Betrieb halten sollen. Er fragt rhetorisch: „Soll sich der Repräsentant des Volkes, selbst wenn er eine Einsicht hat, die bei den Bürgern nicht vorhanden und die überdies schwer zu vermitteln ist, daher jeder gesamtwirtschaftlichen Verantwortung entziehen dürfen?"[10] Und fordert hiermit sozusagen die Pflicht zum Demokratieverzicht.

Als Leser ist man schnell geneigt, diese rhetorische Frage zu verneinen, die, liest man das Buch genauer, jedoch eine antidemokratische Unterstellung enthält. Denn weiter heißt es im Buch: „Da es in einem politischen Gemeinwesen nicht nur viele unterschiedliche Interessen, sondern auch viele solche Zusammenhänge [übergeordneter makroökonomischer Natur, Anmerkung des Autors] gibt, reicht der übliche Mechanismus, durch eine freie Wahl Vertreter des Volkes in ein Parlament zu wählen, keineswegs aus, um sicherzustellen, dass mit Mehrheitsentscheidungen Gesetze erlassen werden, die den Willen des Volkes repräsentieren. Vielmehr braucht eine demokratisch gewählte Regierung ein Mandat, das es ihr erlaubt, auch über Fragen zu entscheiden, bei denen es keine ‚Volksmeinung' gibt oder wo die ‚Volksmeinung' mit den gesicherten Erkenntnissen der Experten kollidiert."

Aus diesem elitären Blickwinkel erscheint es völlig abwegig, dass souveräne Bürger ihre anfangs tatsächlich möglicherweise engen Interessen auch ausweiten können. Das können sie aber nur, wenn ihnen in einem tabulosen Willensbildungsprozess auch eine tatsächliche Entscheidungs-

---

10 Heiner Flassbeck / Paul Steinhardt: „Gescheiterte Globalisierung", Edition Suhrkamp 2018, S. 105f.

befugnis in diesen komplexen Fragen zukommt. Erst dann nämlich zählt ihr Engagement bei einer öffentlichen Auseinandersetzung mit vielfältigen Systemfragen, aber auch anderen Gesichtspunkten fremder Lebenslagen und Kulturen. Erst der Prozess des ungehinderten – und folgenreichen – bürgerschaftlichen Eintretens für eigene Interessen schafft überhaupt die Voraussetzung dafür, dass man schließlich einen Sinn für übergeordnete Aspekte von Gemeinwohl oder systemischen Zusammenhängen entwickeln kann. Indem dieser Prozess als irrelevant angesehen wird und schließlich über die Köpfe der Bürger hinweg regiert werden kann, wird letztlich politische Apathie befördert.

Indem der Globalismus die Handhabung komplexer und abstrakter Sachverhalte in der Tendenz zur exklusiven Domäne abgeschotteter und „global" orientierter „Systemadministratoren" erklärt, verneint er die grundsätzliche Kompetenz normaler Bürger, überhaupt in politischen Fragen mitzuentscheiden, geschweige denn als Souverän gar die alleinige Entscheidungskompetenz auszuüben. Denn was ist in der Politik nicht „komplex"? Betrachtet man allein die Wahlprogramme der Parteien von der lokalen bis hin zur Europaebene, so hat man etliche tausend Seiten Lesestoff – die auch nur dann eine gewisse Gültigkeit hätten, wenn man von einer Alleinregierung der jeweiligen Parteien ausginge. Bezieht man dann die möglichen Koalitionen, innerparteiliche Diskurse oder personelle Entscheidungen mit ein, bekommt man eine wahrlich komplexe Entscheidung. Wer also die Menschen für unfähig erklärt, schon eine Entscheidung bei einem relativ abgegrenzten Bereich wie dem Brexit oder einer EU-Verfassung zu treffen, der hält sie im Grunde genommen generell für unfähig zur Demokratie.

Letztlich ist das Argument, das „einfache Volk" könne die Vorgänge nicht verstehen, ein Scheinargument und zutiefst inhuman. Es ist ja keineswegs so, dass Politiker Experten in allem sind – auch sie haben ihre Wissenslücken und stützen ihre Entscheidungen auf Bauchgefühl, externen Rat von Experten und unvollständige Informationen. Gerne wird das Argument der Komplexität gebracht, wenn das Staatsvolk Entscheidungen trifft, die der Obrigkeit missfallen – wie etwa dem Brexit.

Dass es nicht öfter zum Konflikt kommt, liegt vor allem daran, dass es offenbar recht gut gelingt, solche „falschen" Entscheidungen dadurch zu vermeiden, indem man erst gar keine Gelegenheit zur Meinungsbekundung oder Abstimmung gibt. Es ist kein Zufall, dass sich keine der großen Parteien mehr als mit Lippenbekenntnissen für Volksabstimmungen auf Bundesebene oder gar Referenda über so wichtige Fragen wie einen Austritt aus der EU einsetzt.

Die grüne Europaabgeordnete Rebecca Harms brachte die Haltung ganz gut zum Ausdruck, als sie sagte: „Meine jüngsten Erfahrungen mit direkter Demokratie lassen bei mir eher die Zweifel wachsen. Denken Sie an den Brexit und denken Sie daran, dass wir unmittelbar nach dieser existentiellen Entscheidung, die die Briten getroffen haben, plötzlich beobachten konnten vom Kontinent auf die Insel schauend, dass die Leute da über etwas abgestimmt haben, was ihre Zukunft völlig verändern kann, was sie aber gar nicht verstanden hatten."[11] Ohne jeden Selbstzweifel glaubte die Dame, beobachten zu können, was 17,4 Millionen Menschen „verstanden" haben, und was nicht. Mit dieser Haltung repräsentiert sie

11 Barbara Weber: „Eine Staatsform in der Krise", Deutschlandfunk online, 27.12.2018.

genau das demokratieferne europäische Polit-Establishment, das die Briten mit ihrem Votum zurückwiesen.

Ein genauerer Blick auf den zeitgenössischen Globalismus lässt überdies daran zweifeln, dass sich dieser den hehren und ehrgeizig klingenden Zielen einer planetarischen Weltgemeinschaft, die nach vorne schreitet, tatsächlich widmet. Erkennen wir hier wirklich das Streben nach einer durch langfristige Strategien zu erreichenden Steigerung des Wohlstandes unserer Kinder? Geht es wirklich um eine den eigenen Horizont erweiternde Erkenntnis kultureller Perspektiven oder um eine bessere wissenschaftlich-technische Durchdringung unserer natürlichen Umwelt?

Nicht wirklich. Die Agenda der Globalisten ist pessimistisch und kleinmütig. Es geht vielmehr darum, sich von den zunehmend als illegitim, kurzsichtig und egoistisch angesehenen Interessen, Leidenschaften, Wünschen und Zielen der Bürger zu distanzieren. Dem Globalisten treibt der Gedanke, dass die Bürger wirklich frei entscheiden können, tiefe Sorgenfalten in die Stirn. Der Globalist sieht ein krisenhaftes, sinnentleertes und unharmonisches Weltgeschehen, dessen Problemquelle er in einer profunden Unzulänglichkeit „der Menschen" verortet, die von irrationalen Impulsen, aber auch Leichtgläubigkeit und Verführbarkeit angetrieben würden. Deshalb glaubt der Globalist auch nicht wirklich daran, dass sich Menschen jemals aus freien Stücken auf eine universalistische Kultur verständigen können.

Es geht dem Globalismus in Wirklichkeit darum, eine nebulöse „Stabilität" des Wirtschafts- und Finanzsystems oder des Weltklimas vor den angeblichen Defiziten der Bürger zu schützen. Das will man dadurch erreichen, indem man Institutionen schafft, die letztlich gegenüber den Belangen der meisten Menschen immun sind. Vor diesem Hintergrund hat sich eine Routine in der internationalen Politik etabliert, bei der durch die Beschwörung angeblicher oder tatsächlicher Sachzwänge ein zumindest imaginärer Handlungsdruck entsteht, durch den die Außerkraftsetzung souveräner Deliberation in Parlament und Öffentlichkeit gerechtfertigt wird. Politiker ohne Verbindung zum Volk haben es gelernt, Krisen aller Art zu lieben.

Der Globalismus untergräbt den humanistischen Anspruch der Demokratie, die Schicksalsergebenheit früherer Jahrhunderte zurückzudrängen. Es zeigt sich vielmehr eine tiefe Abneigung unserer politischen Führungsschicht gegenüber den Ambitionen normaler Bürger, für sich und ihre Nachkommen ein besseres Leben zu ermöglichen. Wir beobachten eine Institutionalisierung menschlicher Ohnmacht durch machtvolle oligarchische Institutionen.

Erziehung
statt Repräsentation

Damit kommen wir zu einem weiteren Aspekt, der das Prinzip der Volkssouveränität beschneidet: die zunehmende Entmündigung des Bürgers im Zuge einer Umkehrung der bislang demokratischen Rechenschaftspflicht der politischen Entscheidungsträger gegenüber dem Volk hin zu einer von oben herab verordneten Verhaltenssteuerung. Diese Politik beruht letztlich auf einer Pathologisierung von Interessen, Neigungen, Leidenschaften und Wünschen der Bürger. Es handelt sich um die Abkehr von einem Politikverständnis, das den Prozess des Eintretens der Bürger für ihre Interessen in der öffentlichen Arena als schlechthin unerlässliche Bedingung für die Entwicklung eines politischen Gemeinwesens ansieht.

Wenn sich der einfache Bürger in die Politik einmischt, kommt es zu einer Konfrontation mit den Interessen anderer Bürger. Nach und nach ist jeder dazu angehalten, seine eigenen Perspektiven zu erweitern und schließlich zu einem (wenn auch vorläufigen) Kompromiss zu kommen. Im Zuge dieses Prozesses lernt der Bürger, die Existenz von übergeordneten Gesichtspunkten und komplexeren Zusammenhängen zu erkennen. Leider wird dieser grundlegende Prozess von vielen Leuten nicht mehr verstanden. Ein steriler Politikmodus, der den Wert des Eintretens für eigene Interessen in der öffentlichen Auseinandersetzung negiert, forciert stattdessen eine autoritäre Entwicklung.

Heute prägen nicht mehr die Interessen und Leidenschaften der Bürger, die miteinander kollidieren können, die politische Landschaft, die Parlamente und die Gesetzgebung. Sondern es werden von „höherer Warte" aus Gesetze erlassen und politische Initiativen in die Wege geleitet, die erzieherisch das Bewusstsein der Bürger formen und das Verhalten der Bürger lenken sollen. Das zeigt sich mittlerweile an vielen Beispielen. So sollen etwa die Medien eingespannt werden, um dem „richtigen Denken" in der Bevölkerung Vorschub zu leisten. Beispielsweise geht es um eine in ökologischen Kreisen beschworene „Große Transformation", die einen Komplettumbau von Wirtschaft und Gesellschaft bewirken soll, der sich gänzlich an den Prinzipien der „Nachhaltigkeit" orientiert. Im Juni 2019 gelangte daher ein Papier mit dem Titel „Impact-Journalismus und zielgenaues Storytelling für gesellschaftlichen Wandel" an die Öffentlichkeit, das im Auftrag des Bundesumweltamtes erstellt worden war.

Die Autoren konstatieren u.a., die Medien seien „heute nicht adäquat verfasst, aufgestellt und vor allem ausgerichtet, um diese Große Transformation aktiv voranzutreiben oder sie kurativ mit den Transformationsakteuren des Wandels engagiert zu begleiten". Gefordert wird eine sogenannte Medienwende: „Wenn der Journalismus (in unserer Betrachtung fokussiert auf eine zentrale Akteursgruppe innerhalb des Mediensystems: die Content-Produzent*innen) eine wirkliche Rolle beim Projekt ‚Weltrettung' spielen will, dann muss er sich und seine Arbeitsweise radikal neu erfinden. Diese Medienwende ist selbst ein großes Transformationsprojekt, das unter den zahlreichen Transformations-Arenen (Energiewende, Verkehrswende, Agrarwende etc.) jedoch erstaunlich wenig Beachtung findet."[12] Wenn die große Transformation es erfordert, müssen offenbar Politik und Medien an einem Strang ziehen, um der Bevölkerung den rechten Weg zu weisen: raus aus der Demokratie und hinein in die Expertokratie.

Das Problem an solchen Initiativen besteht dabei nicht nur in der Bevormundung und versuchten Manipulation der Bürger, sondern auch in der komplett unrealistischen Vorstellung, durch solche Umerziehung ließen sich irgendwelche Probleme lösen. Das zeigt sich auf vielen Feldern. Die Politik der Antidiskriminierung etwa sieht den Bürger als xenophoben und vorurteilsbeladenen Hasser fremder Kulturen – und will die Menschen zu einem „toleranten" multikulturellen Miteinander anleiten. Das ist vollkommener Unsinn und kann kein Ersatz für eine demokratisch legitimierte Einwanderungspolitik sein. Politik funktioniert dann, wenn es ihr gelingt, die Mehrheit der Bevölkerung von einer Sache zu überzeugen. Sie darf nie darauf bauen, sich diese Herausforderung ersparen zu können, indem sie die Menschen

---

12 Zit. n. Alexander Wallasch: „‚Klimadiktatur' aus Umweltbundesamt: Journalismus für die große Transformation", Tichys Einblick, 07.06.2019.

stattdessen zu steuern oder irgendwie zu umschiffen versucht. Sonst gibt sie ihren demokratischen Anspruch auf.

Auch um unsere Gesundheit kümmert sich der Staat mit Hingabe. Rauchverbote und Bonuspunkte bei Krankenkassen für gesundheitsbewusstes Verhalten sollen die Bereitschaft der Bürger erhöhen, ihre „Fitness" zu steigern, um die Ressourcen des Gesundheitssektors nicht über Gebühr in Anspruch zu nehmen. An solchen Initiativen wird deutlich, dass heute der in der Gesellschaft auszutragende Interessenkonflikt nicht mehr von unten nach oben seinen Ausdruck findet – mittels repräsentativer Vertreter im politischen Überbau. Vielmehr normiert der niedrige Erwartungen institutionalisierende politisch-rechtliche Überbau die individuellen Verhaltensweisen, Erwartungshorizonte und Einstellungen.

So impliziert der oben kritisierte Komplexitätsfetischismus, dass man den „einfachen" Menschen insgesamt für unfähig halten muss, Entscheidungen zu treffen. Nahezu jede Entscheidung ist mit unvollständigen Informationen, Intransparenz und unvorhersehbaren Konsequenzen verbunden – sowohl auf gesellschaftlicher als auch auf individueller Ebene. Eine rationale Entscheidung zu treffen, heißt nicht, alle Fakten und Konsequenzen zu kennen und einschätzen zu können. Es heißt, auf Basis der bekannten Fakten, aber auch der eigenen Vorlieben und Präferenzen, wirtschaftlichen Verhältnisse und auch Gefühle und Intuitionen, abzuwägen, ob man bereit ist, die Nachteile einer Entscheidung in Kauf zu nehmen, um die Vorteile dieser Entscheidung genießen zu können.

Gesellschaftliche Entscheidungen sind immer Ergebnis eines Willensbildungsprozesses. Wenn ein Lager in der Wahl unterliegt, ist die Schuld nicht in der Unfähigkeit des Wählers zu suchen, sondern darin begründet, dass die dargelegten Argumente nicht stark genug waren, all die Aspekte der Entscheidungsfindung zu überwiegen, die aus der subjektiven und individuellen Sicht des Souveräns relevant sind. Wenn Politiker mit einem Programm oder einzelnen Forderungen nicht gewählt werden, konstatieren sie jedoch immer seltener, dass ihre Ideen offenbar nicht mehrheitsfähig waren. Stattdessen wird von einem „Vermittlungsproblem" geredet. Mit anderen Worten: Es wird geklagt, dass der unfähige Wähler (Bürger will man ihn da schon gar nicht mehr nennen) einfach nicht kapiert, was gut für ihn ist. Auf diese Weise haben unsere Eliten einen „autoritären Illiberalismus" eigener Art forciert, der sich vom Gedanken der Repräsentation mündiger Bürger abwendet.

Das bedeutet in vielen westlichen Ländern heute, dass von oben herab eine Politik betrieben wird, die auf die „Formierung" des Bewusstseins zugunsten einer Akzeptanz stagnierender oder gar fallender Lebensstandards, eingeschränkter Wahlfreiheit und einer flexiblen Anpassungsbereitschaft an soziokulturelle Verschiebungen und prekäre Wirtschaftslagen zielt. So übertragen die politischen Führungen ihre Ideenlosigkeit, ihren Fatalismus und ihre Verantwortungsscheu mittels zunehmend undemokratischer Maßnahmen auf ihre eigenen Bürger. An dieser „erzieherischen" Funktion nehmen nicht zuletzt die im Medienbereich agierenden Personen teil. Sie bewegen sich in einer ökonomisch zunehmend vermachteten Medienlandschaft – und rekrutieren sich oft aus einem zunftähnlichen System von Journalistenschulen, die den Trend der Akademisierung des medial-politischen Betriebs widerspiegeln.

In den Medien ist in den letzten Jahrzehnten eine Konzentration erfolgt, die einen einseitigen Blickwinkel zugunsten der Belange der oberen Gesellschaftsschichten befördert. Das betrifft keineswegs nur die Medien, sondern ist zum inhärenten Modus operandi geworden. Auch im eigentlichen Politikbetrieb, in der Verwaltung oder in der Wirtschaft sehen wir eine zunehmende Akademisierung der Karrieren. Anstatt sich in niedrigen Positionen zu bewähren und hochzuarbeiten, werden Führungspositionen zunehmend für externes Personal geöffnet, das einem von vornherein geplanten Karriereweg folgt. Letztlich führt auch das zu einer Verengung des Diskurses. Es bilden sich schon früh Netzwerke heraus. Man trifft sich mit seinesgleichen, hat die gleiche Perspektive auf die Welt und redet über die gleichen Themen. Gerade die Ausübung der gehobenen Dienste in Politik, Wirtschaft und Verwaltung wird dadurch zu einem selbstbezogenen Prozess, in dem die Perspektive der „kleinen Leute" nicht oder bestenfalls in einer Perspektive von oben herab vorkommt.

Selbstverständlich kann zwar auch ein demokratisch äußerst indirekt agierendes Personal die Interessen der Mehrheitsbevölkerung in praktische Politik umsetzen, wenn es mit Überzeugungen agiert, die aus der Auseinandersetzung mit Normalbürgern gewachsen sind. Doch leider haben sich in den letzten Jahrzehnten politische Profile mehr und mehr in einem politischen Einheitsbrei verwässert. Sowohl die lebensweltliche Distanzierung als auch das Fehlen politischer Überzeugungen haben sich im Zuge einer als alternativlos betrachteten völker- und europarechtlich zementierten Weltwirtschaftsordnung nachteilig auf Repräsentanz und Standhaftigkeit ausgewirkt. Es hat sich eine Elite herausgebildet, die zugleich führungsschwach, entrückt, verunsichert und bevormundend ihre eigene Unzulänglichkeit in die aus ihrer Sicht unzulänglichen Bürger projiziert.

Die Eliten richten ihr Augenmerk auf erzieherische Verhaltenssteuerung der Bürger, indem sie diese durch Methoden der Verhaltensökonomie (Nudges), aber auch mittels Warnhinweisen auf Konsumprodukten und mittels Ökosteuern, Sündensteuern und anderen Erscheinungsformen der Regulierung persönlicher Verhaltensweisen auf den richtigen Pfad führen wollen. Doch diese Politik erschöpft sich in Appellen des Maßhaltens. Wohin sie die Gesellschaft führen wollen, wissen die politischen Führungen nicht. Sie projizieren damit ihr Unvermögen, die Potenziale der Gegenwart gewinnbringend für eine alle Bürger bereichernde Zukunft zu erschließen, mehr und mehr auf die eigene Bevölkerung. Ihre institutionalisierte Praxis des Abbaus verantwortlicher Rechenschaft spiegelt sich auch in ihrer Regulierungspraxis, die vom Gedanken fehlender Verantwortungsfähigkeit des Menschen geprägt ist. Die Bevölkerung findet sich derweil in zunehmend in ihrer Souveränität beraubten Nationalstaaten und in supranationalisierten, aber auch internationalisierten Machträumen wieder, die kein demokratisches Gemeinwesen beherbergen.

IMMER ÄRGER
MIT DEM VOLK

Wie ist es dazu gekommen, dass die Demokratie in Deutschland in einem mittelprächtig beklagenswerten Zustand ist? Wir wollen eine Reihe von Entwicklungen schlaglichtartig beleuchten, von denen wir glauben, dass sie eine Rolle spielen.

Die Stimmen
des Volkes

In Kapitel 1 haben wir gesehen, dass der Kern der Demokratie die Volkssouveränität ist. Die Frage, wer das Volk ist, ist in der Demokratie also auch die Frage danach, wer der Souverän ist.

Wer ist das Volk? Es begegnet uns in erster Linie als Wahlvolk, das alle paar Jahre zur Wahl geht und die Volksvertreter wählt, die sich dann um den Rest kümmern. Aber reicht das für eine funktionierende Demokratie? Manchen genügt es, viele sind aber unzufrieden. Das Vertrauen in die Politik ist relativ gering. Nicht zuletzt die stark gewachsenen Proteststimmen – die sogenannten populistischen Strömungen – sind deutliches Indiz dafür. Und genau diese beanspruchen derzeit, die Stimme des Volkes zu sein.

Woher kommen sie und woher nehmen sie ihre Berechtigung? Sie sind nicht über Nacht als Antwort auf die Finanz- oder Flüchtlingskrise entstanden, wie manche Kritiker glauben. Wie die Autoren Roger Eatwell und Matthew Goodwin in ihrem Buch über Populismus schreiben, entstand in der Zeit zwischen 1990 und 2000 in ganz Europa eine Reihe neuer Parteien und Bewegungen, die beachtliche Erfolge verzeichnen konnten.[1] Immer wieder zeigte sich, dass eine erstaunlich große Gruppe von Wählern bereit war, sich Parteien zuzuwenden,

---

[1] Roger Eatwell / Matthew Goodwin: „National Populism: The Revolt Against Liberal Democracy", Pelican Books 2018, Kindle Edition, Pos. 492.

die im etablierten Politikbetrieb als gefährlich und extremistisch gebrandmarkt wurden. In Deutschland zogen die Republikaner 1989, noch vor der Wiedervereinigung, mit über 7 Prozent der Stimmen ins Europaparlament. War die Stimmung unmittelbar nach der Wende zunächst optimistischer, wandten sich bereits Mitte der 1990er Jahre wieder mehr Wähler von den etablierten Parteien ab. Als „hemmungslos populistisch"[2] bezeichnete ein Journalist in der Zeit 1994 die PDS, die für viele Wähler vor allem in den neuen Bundesländern plötzlich wieder attraktiv geworden war und die zunehmende Unzufriedenheit mit dem Wiedervereinigungsprozess zum Ausdruck brachte. 2001 wählten 19,4 Prozent der Hamburger die gerade erst gegründete Schill-Partei. Seit 2013, mit der Gründung der AfD, ist dann der Mythos, dass es in Deutschland keinen Platz für einen rechten Populismus gibt, endgültig gestorben.

Die neuen Protestparteien mögen Positionen vertreten, die Liberalen nicht gefallen, aber sie setzen Themen auf die Tagesordnung, die vielen Wählern wichtig sind – und die sie in der öffentlichen Debatte nicht genügend berücksichtigt sehen. Sie zu ächten oder zu ignorieren, ist keine kluge Strategie und bestärkt das Gefühl der Ausgrenzung. Stattdessen sollte die Ausweitung der Debatte als Chance gesehen werden, den politischen Diskurs, der in einer Demokratie so wichtig ist, wieder neu zu beleben. Leider geht der Trend in die entgegengesetzte Richtung, und die meisten Politiker reagieren ratlos, unbeholfen, ängstlich oder arrogant auf die Herausforderungen, die durch kritische Wähler an sie herangetragen werden. Entweder sprechen sie diesen Wählern das Urteilsvermögen ab, wie z.B. der ehemalige Bundespräsident Joachim

---

2   Richard Schröder: „Hemmungslos populistisch", Zeit online, 15.07.1994.

Gauck in seiner ZDF-Show zu 30 Jahren Wiedervereinigung („Da stimmt doch etwas nicht.")[3]. Oder sie versuchen, die Debatte abzublocken, indem sie eilig Zugeständnisse machen, in der Hoffnung, die Wähler beschwichtigen zu können, wie z.B. in der Immigrationsdebatte. Beide Strategien sind nicht geeignet, Vertrauen und Respekt in die etablierte Politik zurückzugewinnen, und sie verkennen den eigentlichen Wunsch der Wähler nach mehr demokratischer Mitbestimmung.

Manche der neuen Parteien und Gruppierungen behaupten bekanntlich, die „wahre Stimme des Volkes" zu repräsentieren. Der Politologe Jan-Werner Müller sieht darin das Wesensmerkmal des Populismus. Da es den Populismus in ganz unterschiedlichen Ausprägungen gibt, von rechts bis links, meint er, die inhaltliche Ausrichtung ignorieren und ihn auf diese Formel reduzieren zu können. Damit liefert er eine weitere Version des Übergehens der Wähler, die allerdings akademisch verpackt daherkommt. Zu Recht kritisiert der Politologe Philip Manow diese Definition: „Wenn man meint, Populismus sei mehr ‚Form als Inhalt, mehr Stil als Programm' (vgl. Moffir 2016), wird die Kritik an ihm zur reinen Stilkritik: Ein pikiertes Bürgertum möchte, dass die Ungewaschenen sich doch bitte erst einmal waschen, bevor sie artig am Diskurstisch Platz nehmen dürfen. Dass man, solange das nicht geschieht, auch über ihre Inhalte nicht weiter zu sprechen braucht, ist dann ja nur ein ganz angenehmer […] Nebeneffekt."[4]

Selbstverständlich ist die Behauptung, den „wahren Willen" des Volkes zu repräsentieren, problematisch. Denn

[3] Josef Seitz: „‚Sie sind doch nicht von geringem Verstand'. Bei Pegida tippt sich Gauck an die Stirn", Focus online, 09.04.2019.
[4] Philip Manow: „Die Politische Ökonomie des Populismus", edition suhrkamp 2018, S. 28.

es gibt kein homogenes Volk, das mit einer Stimme spricht. Eine solche Vorstellung existiert nur in Diktaturen. In Demokratien wird der Mehrheitswille bekanntlich durch freie Wahlen ermittelt, die in regelmäßigen Abständen stattfinden und der Tatsache Rechnung tragen, dass er sich auch immer wieder ändern kann. Was Kritikern wie Jan-Werner Müller nicht gefällt, ist, dass viele Populisten tatsächlich von sich behaupten können, den gegenwärtigen Mehrheitswillen eher zu repräsentieren als ihre Gegner. So ergab eine repräsentative Umfrage im Juni 2018 in Italien, dass 66,5 Prozent der Befragten mit der Politik des Innenministers Matteo Salvini von der Lega zufrieden sind.[5] Der französische Präsident Emmanuel Macron dagegen, der häufig als eine Art Gegenpol zum Populismus dargestellt wird, erhielt auch zu seinen besten Zeiten kaum mehr als 32 Prozent Zustimmung in Umfragen.[6]

Die historische Angst
vor der Masse

Das Problem des Volks ist aus Sicht der gehobenen Schichten, dass es vor allem aus „gemeinem Volk" besteht, aus der Masse. Und die ist in ihrer Bildungsferne und Unvernunft von der politischen Entscheidungsfindung möglichst fern zu halten. Das haben große Teile der Eliten schon immer so gesehen – vor allem in Zeiten der Konfrontation und Krise. „Das Volk, den großen Lümmel" versuche man einzulullen, mit einem Eiapopeia vom Himmel, spottete schon Heinrich

---

[5] „How much do you approve of Matteo Salvini's action as Minister of the Interior?", statista, 29.07.2018.

[6] „Macron's popularity gains as ‚yellow vest' support wanes: poll", Reuters online, 25.02.2019.

Heine während der revolutionären Vormärzzeit im 19. Jahrhundert in „Deutschland ein Wintermärchen". Heine schreibt aber auch von Zensur und der Macht des preußischen Militärs, das im Kampf gegen die aufstrebenden Massen eingesetzt wurde.

Einige Jahrzehnte später bezeichnete Reichskanzler Otto von Bismarck das allgemeine Wahlrecht als einen großen Fehler, weil es den Sozialisten, also den falschen Wählern, viel zu viel Einfluss einräume.[7] Preußen hielt am Dreiklassenwahlrecht fest, damit die Kontrolle über die Politik weiterhin bei einer überschaubaren, privilegierten Gruppe lag. Erst nach dem Ersten Weltkrieg setzte sich das demokratische Prinzip durch, das jedem erwachsenen Bürger – auch Frauen – das Stimmrecht zusteht. So unterschiedlich die Bürger auch waren, am Wahltag stand ihnen allen die gleiche Stimme zu. Eine Regierung, die nicht mehr durch die Wahl und die Mehrheitsmeinung legitimiert wurde, sollte es nicht mehr geben. Es ist leicht, heute den großen Fortschritt und die revolutionäre Kraft zu übersehen, die in diesem demokratischen Prinzip fußt. Sie war der Einsicht geschuldet, dass die Eliten, die zum allergrößten Teil den Krieg nicht nur unterstützt, sondern mit aggressiven Aufrufen und weltfremden Forderungen noch befeuert hatten, das Land in die Katastrophe geführt hatten.

Dass sich die Demokratie in Deutschland in den Folgejahren als so instabil erweisen sollte, ändert nichts an dem großen Schritt, den der Fall der Monarchie und die Einführung des allgemeinen Wahlrechts darstellten. Oft wird auf das Dritte Reich und die Nazi-Herrschaft als Beispiel für die Gefahren einer ungezügelten Massenpolitik verwiesen. Doch

---

7   Veit Valentin: „Geschichte der Deutschen", Büchergilde Gutenberg 1979, S. 468.

als Ausdruck für den Sieg der Masse über die Vernunft der Elite taugt das Dritte Reich nicht. Zwar war die NSDAP eine Massenpartei und wurde ab 1930 von viel zu vielen gewählt. Im November 1932 erhielt sie 33,1 Prozent der Stimmen, die SPD dagegen nur 20,4 Prozent, die KPD 16,9 Prozent und die Zentrumspartei 15 Prozent. Doch letztlich war der Weg in die Nazi-Diktatur auch ein Ausdruck dafür, dass große Teile der Elite die Demokratie ablehnten. Tragisch war, dass auch die demokratischen Parteien es nicht vermochten, die Demokratie zu schützen und mutig gegen die alten Kräfte anzukämpfen. Sicher spielte dabei auch die Tatsache eine Rolle, dass die Demokratie nach 1918 nicht durch soziale Bewegungen oder erfolgreiche Revolutionen durchgesetzt wurde, sondern als Antwort auf die verheerende Niederlage im Krieg. Große Teile des alten Landadels, der ehemaligen Monarchisten sowie Teile der Wirtschaftselite, die schon im Ersten Weltkrieg eine ungute Rolle gespielt hatten, unterstützen Hitler und beförderten seine Machtübernahme. „18,7 Prozent der Obergruppenführer [SS] waren 1938 adliger Herkunft. Am 30. Januar konnte die NSDAP die Macht ergreifen, weil diese Elite ein Bündnis mit ihr eingegangen war, das später beim Handschlag zwischen Hitler und Hindenburg in der Potsdamer Garnisonskirche besiegelt wurde", schreibt die Autorin Heike Schmoll in ihrem Buch „Lob der Elite".[8]

Dass die Nazis selbst die Bürger verachteten und sich im Zweifel nicht um irgendwelche Mehrheitsmeinungen scherten, braucht kaum betont zu werden. Der Kult des wahren Führers, der nicht, wie die schwachen Demokraten, den Wünschen der „urteilslosen Menge"[9] nachgibt, sondern das

[8] Heike Schmoll: „Lob der Elite", C.H. Beck 2008, S. 28.

[9] Text aus einem Schulbuch von 1934, in dem der Held Coriolanus (Shakespeare) mit

Volk „zur Gesundung führen möchte"[10], passt zu keiner Demokratie. Alles, was an demokratischen Strukturen nach Januar 1933 noch vorhanden war, wurde von den Nazis in Windeseile zerschlagen. In einer programmatischen Rede zum „Führerstaat" vor Kreisleitern seiner Partei erklärte Hitler 1937: „Der Gedanke lebt nicht in der breiten Masse. Das müssen wir nun einmal erkennen, und das ist auch ganz klar. […] Die Vernunft […] hat das Recht, sich zu diktatorischer Gewalt zu erheben. Und die Pflicht, die anderen zu zwingen, dem zu gehorchen. Daher ist auch unser Staat keineswegs aufgebaut auf Volksabstimmungen, das möchte ich betonen, sondern es ist unser Bestreben, das Volk zu überzeugen von der Notwendigkeit dessen, was geschieht. […] Sollte aber irgendein notwendiger Entschluss nicht begriffen werden, […] dann tritt die Autorität der Vernunft in Erscheinung und sagt: Es wird nicht verstanden, es wird aber gemacht. Schluss."[11] Die Ablehnung der Volkssouveränität war der Kern des Führerstaats. Daran müssen wir uns erinnern, wenn auch heute wieder das Volk als das Problem betrachtet wird und die Eliten es richten sollen.

Eliten gegen Volk

Ein Problem bei der heutigen Debatte über die Schwächung der Demokratie ist, dass diejenigen, die den Populismus kritisieren, implizit oder explizit die Abgrenzung von der Masse der Wähler als richtig erachten. Die vielleicht interessanteste

---

Hitler verglichen wird, zit. n. Balz Engler: „The Noise That Banish'd Martius: Coriolanus in Post-War Germany", Website des Autors.

10 Ebd.

11 Zit. n. Paul Schreyer: „Die Angst der Eliten: Wer fürchtet die Demokratie?", Westend Verlag 2018, Kindle Edition, Pos. 1145.

Offenbarung der Politik der letzten Jahre ist die Verachtung, mit der viele selbsternannte Demokraten auf normale Wähler, denen sie keine informierten Entscheidungen zutrauen, herabblicken. Dies zeigte sich vor allem in den Debatten über die Wahl Donald Trumps zum 45. Präsidenten der USA, die Brexit-Wahl oder die Wahlerfolge der AfD. Die Lehre aus der Geschichte ist für die Anti-Populisten nicht, dass wir die Demokratie – also die Herrschaft des Volkes – stärken sollten.

Ganz im Gegenteil: Die Demokratie ist für sie gefährdet, wenn die Wähler zu viel ungefilterten Einfluss auf die Politik ausüben können. So schreibt z.B. der Brexit-Gegner und Philosophieprofessor A. C. Grayling in der Wochenzeitung Die Zeit, die Demokratie sei theoretisch eine gute Idee, habe sich jedoch als gastfreundlich gegenüber dem Populismus Trumps oder des Brexits gezeigt – und gefährde sich somit selbst. Ihr Problem bestehe darin, dass sie auf dem Ideal des informierten, rationalen Wählers beruhe. Der Brexit und die Wahl Trumps zeigten jedoch, dass sich Wähler von Ignoranz und Emotionen leiten ließen. Deshalb fordert Grayling ein „umfangreiches Bildungsprogramm, um den Bürgern das Wesen und die Voraussetzungen von Demokratie nahezubringen"[12]. Dieser Sicht zufolge muss die Demokratie also vor den Wählern geschützt werden, bis diese reif oder informiert genug für sie sind.

Das alte Vorurteil, dass eine bestimmte Elite besser in der Lage ist, die Geschicke eines Landes zu steuern, als die gesammelte Weisheit der gesamten Bevölkerung, lebt hier wieder auf. Dabei ist die Geschichte voller Beispiele dafür, dass Bildung nicht vor Fehlurteilen schützt. So zirkulierten

---

[12] Anthony Clifford Grayling: „Die Demokratie zerstört sich selbst", Zeit online, 22.11.2016.

z.B. 1915, während des Ersten Weltkriegs, in Deutschland Petitionen, die von Tausenden von Akademikern und Industriellen unterzeichnet worden waren und die aggressivsten annexionistischen Forderungen stellten. Die Berufsgruppe, die sich dabei am meisten hervortat, seien die Universitätsprofessoren gewesen, schreibt der Historiker Gordon Craig.[13] Auch die Eugenik-Debatte, die von vielen Wissenschaftlern bis spät in die 70er Jahre mitgetragen wurde, zeigt, wie wenig eine wissensbasierte Politik taugt. Mit den gleichen Worten, die Grayling heute nutzt – „emotional" und „ignorant" – wurde übrigens auch das allgemeine Frauenwahlrecht lange Zeit bekämpft. Die durchschnittliche Frau, schrieb der Politiker Belford Bax 1908, verfüge über einen Intellekt, der weit unter dem Niveau des Wahlrechtsstandards liege.[14]

Die Vorstellung, dass wir die Politik lieber den Klugen und Einsichtigen überlassen sollten, ist rückständig und elitär. Auch ist sie nicht neu, denn sie begleitet die Debatte über die Demokratie seit ihren frühen Tagen im alten Athen. Doch nicht die formale Bildung befähigt uns dazu, die richtigen Entscheidungen zu treffen, sondern unser moralisches Urteilsvermögen. Gab es nicht genügend Universitätsprofessoren, die bereit waren, aus Karriereüberlegungen oder Feigheit, den Antisemitismus der Nazis zu dulden bzw. sogar zu unterstützen? Spätestens seit der Aufklärung erkennen wir die Fähigkeit eines jeden Individuums an, über sein Handeln kritisch zu reflektieren, egal welchem sozialen Stand es angehört. Bildung ist gut, aber auch die Erfahrungen des täglichen Lebens, die Erkenntnisse der Arbeitswelt usw. sind unverzichtbar, um

13 Gordon Craig: „Deutsche Geschichte 1866–1945", 59. Aufl., C.H. Beck 1989, S. 315 ff.
14 Belfort E. Bax: „The Fraud of Feminism", Grant Richards Ltd. 1913, S. 23, zit. n. Davis Mary: „Sylvia Pankhurst", Pluto Press 1999, S. 10.

kluge politische Entscheidungen zu treffen. Zwar kann sich auch die Mehrheit irren, wie wir aus vielen historischen Beispielen wissen – aber die Chance, dass sich eine Minderheit, die sich selbst für klug und unfehlbar hält, irrt, ist ungleich größer. Die Demokratie ist allen anderen Systemen überlegen, weil sie die unterschiedlichen Einsichten und Erfahrungen aller berücksichtigt. Und deswegen basiert sie ganz zu Recht auf dem Prinzip, dass jedem Bürger die gleiche Stimme zusteht – egal, ob er oder sie Lehrerin, Ärztin, Philosoph, Schweißer, Reinigungskraft oder was auch immer ist.

Die wehrhafte Demokratie – der Schutz der Demokratie vor den Wählern

Die elitäre Kritik an der Demokratie nimmt immer dann besonders zu, wenn Spaltungen und Konflikte in einer Gesellschaft zunehmen. Die oben genannten Beispiele zeigen, dass es auf die Frage, welches die größten Gefahren für die Demokratie sind, zwei sehr unterschiedliche Antworten gibt. Geht die Gefahr von den Wählern aus, die sich immer mehr von den etablierten Parteien abwenden und die sogenannten Populisten wählen? Oder liegt das eigentliche Problem bei denen, die glauben, nur ihre Meinung dürfe sich im politischen Streit durchsetzen und die auf alle anderen Wähler mit solcher Verachtung herabblicken, dass sie ihnen das Recht auf die Teilnahme an freien Wahlen am liebsten absprechen würden – bis sie wieder bereit sind, die „richtigen" Parteien zu wählen?

Ein Problem ist, dass, vor allem in Deutschland, die Vorstellung, die Demokratie müsse vor den Wählern geschützt werden, auch institutionelle Ausprägungen hat. Hier gilt das

Prinzip der „wehrhaften Demokratie", das nach dem Zweiten Weltkrieg erfunden wurde. Statt die eigenen Fehler zu thematisieren, zogen es große Teile der zutiefst diskreditierten Eliten vor, die Wankelmütigkeit der Wähler für den Faschismus verantwortlich zu machen – und legten damit die Grundlage für die arrogante Haltung, die auch in den heutigen Debatten über den Populismus wieder zutage tritt. Die Lehre, die aus dem Geschehenen gezogen wurde, war nicht, dass die Demokratie gestärkt werden sollte und der Bevölkerung ein möglichst großes Mitsprache- und Entscheidungsrecht eingeräumt werden solle. Im Gegenteil: Ganz bewusst wurden Strukturen mit dem Ziel aufgebaut, die Politik vor dem Druck der Wähler abzuschirmen. In Zeiten des Anti-Populismus hat dieses Konzept wieder eine ganz neue Bedeutung gewonnen. Die Idee der wehrhaften Demokratie basiert auf einem tiefen Misstrauen gegenüber den Wählern, die mit ihr sozusagen vor sich selbst geschützt werden sollen. Dagegen wird bestimmten Hütern der Demokratie sehr viel Vertrauen und Einflussmöglichkeit zugesprochen.

Bis heute umschreibt das Konzept der wehrhaften Demokratie eine Reihe von Gesetzen, die dem Staat die Möglichkeit geben, gegen „extremistische" Tendenzen vorzugehen. Dazu gehören das Vereins- und Parteienverbot sowie die Verwirkung von Grundrechten für „Extremisten". Es gehe dabei nicht um ein Verbot der Gesinnung, sondern um die Unterbindung solcher Aktivitäten, die planvoll und ständig die freiheitliche demokratische Ordnung stören oder beseitigen sollen, sagt der Rechtswissenschaftler Wolfgang Löwer.[15] Doch zu Recht haben zahlreiche Kritiker darauf hingewiesen, dass diese Definition alles andere als eindeutig

---

15 „Wehrhafte Demokratie", uni-bonn.tv, 24.03.2014.

und klar ist. Sie lässt viel Interpretationsspielraum und überlässt dem Staat die letzte Entscheidung darüber, was in einer freiheitlichen Gesellschaft noch als tolerierbar zu gelten hat. Schon früh zeigte sich, dass die Verbotsgesetze keinesfalls nur zum Schutz vor den verbliebenen faschistischen Kräften zum Einsatz kamen. So wurde bereits 1956 im Namen der wehrhaften Demokratie die kommunistische KPD verboten. Auch heute, in Zeiten des Populismus, werden in ihrem Namen wieder vermehrt Verbote ausgesprochen. Unsere Demokratie sei eine wehrhafte, sagte z.B. der damalige Innenminister Thomas de Maizière im August 2017, als er die linke Internetplattform Linksunten.Indymedia verbieten ließ. Zuvor war bereits die rechte Plattform Altermedia verboten worden.

Jedes staatliche Verbot schränkt die öffentliche Debatte ein, denn es trifft eine Entscheidung darüber, was gesagt oder nicht gesagt werden darf. Von den Verboten der Internetplattformen waren keinesfalls nur direkte, unmittelbare Gewaltaufrufe betroffen. Mit ihnen wurde den Bürgern signalisiert, dass eine zu aggressive Debatte über den Flüchtlingszuzug, den Kapitalismus oder die Globalisierung usw. nicht erwünscht ist und als Bedrohung eingestuft wird. Dabei wurde nicht nur das Recht derer, die sich auf diesen Plattformen äußerten, eingeschränkt – was ein Eingriff in die Meinungsfreiheit ist, unabhängig davon, wie absurd und geschmacklos die Äußerungen auch gewesen sein mögen. Es wurde auch eine Entscheidung darüber getroffen, was der Rest der Bürger hören darf – und was nicht. Hier taucht wieder das Bild des unzuverlässigen vorwiegend irrationalen Bürgers auf, dem man es nicht zutrauen kann, extreme Meinungen zu hören und sich selbst ein Bild über das Gesagte zu machen.

Populismus,
Geld und Macht

Aber es sind nicht nur Verbote, Kontrollen oder Zensur, die die Demokratie schwächen. Oft weisen Kritiker darauf hin, dass die eigentlichen Machtstrukturen, trotz freier Wahlen, woanders liegen als bei den Wählern. Eine Methode zur Machtkontrolle beschreibt der US-amerikanische Rechtswissenschaftler Lawrence Lessig. Er hat den Begriff „Tweedism" geprägt. Dieser bezieht sich auf eine Aussage von William Tweed, dem berüchtigten Anführer der Tammany Hall, einer politischen Seilschaft in New York in der zweiten Hälfte des 19. Jahrhunderts, und steht für ein System, bei dem zwar allgemeines Wahlrecht herrscht, die Chancen, gewählt zu werden, aber dennoch sehr ungleich sind. Tweed sagte: „I don't care who does the electing, as long as I get to do the nominating." Das System findet sich in unterschiedlichen Varianten an vielen Orten der Welt. Im Iran entscheidet der Wächterrat, wer die Kandidaten sein dürfen, die die 80 Millionen iranischen Bürger dann wählen können. In den USA entscheiden, weniger direkt, aber doch nicht selten sehr effektiv, wohlhabende Spender, wer über ein Wahlkampfbudget verfügt, das es ihm ermöglicht, als Kongressabgeordneter, Gouverneur oder Präsident zu kandidieren. Nur wer genug Geld einsammelt, ist durch Wahlwerbung sichtbar und wird von den Medien als ernstzunehmender Kandidat betrachtet. Die Kernkompetenz für Politiker in den USA ist Fundraising. Die Hauptbeschäftigung besteht darin, reiche Leute anzurufen und ihnen zu erzählen, was sie gerne hören wollen. Wenn sie es dann irgendwann geschafft haben, eine Wahl zu gewinnen, sind sie vor allem in einem geübt: reichen Leuten zu sagen, was sie hören wollen. Oder anders gesagt: Am Ende bleiben die übrig, die die Interessen der Reichen am besten verinnerlicht und eine große Nähe zu ihnen entwickelt haben.[16] Nein, diese Politiker sind nicht gekauft. Aber sie sind geprägt. Und das System offenbart vor allem eins: dass zwischen Politikern und einem Großteil des Wahlvolks eine solche Distanz herrscht, dass ein massiver und teurer Einsatz von Fernsehwerbung notwendig ist, um zur Wahl zu mobilisieren. Der enorme Einsatz von Geld im Wahlkampf ist damit eher Symptom als Ursache der politischen Malaise in den USA.

Die Wahl Donald Trumps, der vor 2016 als absoluter Außenseiter im etablierten Parteiensystem galt, zeigt, dass in diesem System auch Überraschungen möglich sind und nicht immer der Kandidat gewinnt, der das meiste Geld einsammelt. Zwar konnte auch Trump nur gewinnen, weil er über genügend Gelder verfügte, aber seine Wahl wurde als ein Ausdruck des Protests gegen die etablierte Politik verstanden, für die nicht nur seine Rivalen in der Republikanischen Partei standen, sondern vor allem auch seine Gegnerin Hillary Clinton. Die amerikanischen Politologen Steven Levitzky und Daniel Ziblatt sehen Donald Trumps Sieg als Symptom einer unguten Polarisierung innerhalb der amerikanischen Politik und als eine Bedrohung für die Demokratie. Sie mögen recht damit haben, dass der Aufstieg Trumps auf tiefe Probleme innerhalb der Republikaner hinweist, die nicht in der Lage waren, ihn zu stoppen.[17] Gleichzeitig aber weist dieser Überraschungssieg auch darauf hin, in welchem Maße die Partei der Democrats (Demokraten)

16 Lessig, Lawrence. Republic, Lost: Version 2.0 . Grand Central Publishing. Kindle-Position 199
17 Steven Levitsky / Daniel Ziblatt: „How Democracies Die", Politics and Prose, YouTube, 06.02.2018.

den Kontakt zu ihren Wählern verloren hat, die in Scharen zu Trump gewechselt sind. Die abfälligen Bemerkungen, die Hillary Clinton im Wahlkampf über Teile der Trump-Wähler machte, als sie sie als einen erbärmlichen Haufen von Sexisten, Rassisten und Homophoben bezeichnete, haben ihre Wirkung nicht verfehlt.[18] Wieder zeigte sich die Unbeholfenheit der Politik, sich mit guten und überzeugenden Argumenten der Kritik der Wähler zu stellen, statt sie auf arrogante Art und Weise zu beschimpfen. Für viele Wähler, die anders als die Kandidaten nicht über Geld und Einfluss verfügten, war ihre Stimme die einzige Möglichkeit, ihren Unmut über eine Partei zum Ausdruck zu bringen, von der sie sich längst nicht mehr vertreten fühlen.

Abgrenzung
und Spaltung

In den letzten Jahren hat, mit dem Aufkommen der Debatte über den Populismus, auch die Abgrenzung von der „Masse" oder dem gemeinen Volk wieder neue Bedeutung erlangt. Populismus und Antipopulismus entwickeln und formieren sich parallel. Der Antipopulismus ist zum großen, einenden Credo der Etablierten geworden. Wie sehr es in der heutigen politischen Debatte um Abgrenzung geht, zeigt der „Soundtrack zum Demo-Herbst 2018" in Deutschland, der das Motto „Wir sind die Vielen" gewählt hat.[19] Er beginnt mit den Worten: „Ich lass mir doch von diesem Scheiß nicht den Spaß vermiesen. Ich lass mir doch von Euch nicht das Glück verbieten." Die identitäre Botschaft des Refrains lautet: „Ihr

---

18 „Clinton schwächt Äußerung über Trump-Fans ab", Zeit online, 10.09.2016.
19 „Wir sind die Vielen", Futurzwei, 11.09.2018.

wollt das Volk sein? Wir sind die Vielen." Und auch die Frage, wer alles zu den antipopulistischen Vielen gehört, wird beantwortet. Allerdings in einer Aufzählung, die etwas beliebig wirkt: „Die Sitzenbleiber und die Zeitvertreiber, die Genießerinnen und die Umverteiler, die Vertriebenen und die Philosophen, die Liebenden und die Grenzenlosen, die Visionäre und die Hoffnungsvollen, die Gutmenschen, die was ändern wollen, die Alternativen und die Avantgarde, die eigensinnig Einzelnen mit ihrer eigenen Art." Sehr deutlich wird, dass dieses Gegenvolk sich als Versammlung lauter besonderer Individuen sieht, die sich vor allem dadurch auszeichnen, dass sie sich irgendwie vom gemeinen Volk abheben. Jürgen Kaube hat dieses Massenphänomen schon 2007 in seinem Buch „Otto Normalabweicher"[20] beschrieben. Kaube stellt fest: „Wir stehen darum vor dem Paradox, dass eine Gesellschaft, die sich selbst als eine der großen Zahlen beschreibt, den Minderheiten huldigt und vielfältige Anreize setzt, ein Minderheitsbewusstsein zu pflegen." (Wenn aber erst ein „Minderheitenbewusstsein" die Zugehörigkeit zum Volk 2.0 erlaubt, dann müssten doch die AfD-Wähler als am vehementesten bekämpfte Minderheit allemal dazugehören. Sie tun es deshalb nicht, weil sie bekanntermaßen am traditionellen Begriff des Volkes festhalten.)

Tatsächlich sind die „eigensinnig Einzigen" die Stimme des neuen bürgerlichen Konformismus. Ihr Auftreten erinnert daran, wie Brian im Monty Python Filmklassiker „Das Leben des Brian" der Menge zuruft: „Ihr seid doch alle Individuen." Und die Menge antwortet unisono: „Ja. Wir sind alle Individuen." Brian: „Und ihr seid alle völlig verschieden."

20 Jürgen Kaube: „Otto Normalabweicher. Der Aufstieg der Minderheiten", Zu Kampen Verlag 2007.

Die Menge: „Ja. Wir sind alle völlig verschieden." (Und eine einzelne Stimme: „Ich nicht.") Die Aufzählung der Vielen, die auch die Sitzenbleiber mit einschließt, soll wohl inklusiv und nicht-elitär wirken. Doch die Grundbotschaft bleibt, dass „wir", die wir uns an der Bewegung beteiligen, die Anständigen sind. Konsens- oder staatstragende Demonstrationen dieser Art gibt es bei uns erst seit wenigen Jahren. Den Anfang machte der damalige Bundeskanzler Gerhard Schröder, der am 9. November 2000 in Berlin zu einer großen Staatsdemonstration aufrief, die er den „Aufstand der Anständigen" nannte. Was heute fast schon zur Norm geworden ist, stieß damals noch auf berechtigte Kritik. „An die Bürger des Landes erging die seltsame Aufforderung, mit ihrer eigenen Regierung zu demonstrieren. Der Bürger in einer Demokratie geht ja eigentlich auf die Straße, wenn er von seiner Regierung etwas will …", schrieb die Journalistin Eveline Roll. Die Demonstration, die unter dem „lächerlichen Motto ‚Wir sind nicht allein'" die Bürger hinter der Regierung zu versammeln suchte, bezeichnet Roll als „symbolische Scheinpolitik".[21]

Am schönsten für die Regierung ist es, wenn Leute mit den gleichen Botschaften auf Demos gehen, die man selbst auch schon seit 30 Jahren verkündet. Am allerschönsten ist es, wenn es Kinder und Jugendliche sind. Zu beobachten ist dieses Phänomen Anfang 2019 bei den sogenannten „Fridays for Future"-Schüler-Demos. „Ich unterstütze sehr, dass Schülerinnen und Schüler für den Klimaschutz auf die Straße gehen und dafür kämpfen", lobte die Kanzlerin in ihrem Videopodcast. „Ich glaube, dass das eine sehr gute Initiative ist." Und die Justizministerin war ebenfalls der Meinung, dass

21 Eveline Roll: „Die Erste. Angela Merkels Weg zur Macht", rororo 2006, S. 230.

das Schuleschwänzen für den Klimaschutz erste Jungbürger-pflicht und der Planet damit schon halb gerettet sei. „Diese Proteste, bei denen Schülerinnen und Schüler Freitag für Freitag für ihre Zukunft auf die Straße gehen, verdienen hohen Respekt: Solche jungen Leute wünschen wir uns."[22] Der Soziologe Armin Nassehi benennt das Problem solcher Protestformen präzise: „Die können sich vor Anerkennung kaum retten, weil die Ziele so groß sind und als letzte Dinge der Menschheit formuliert werden. Diese Anerkennung entwertet das Engagement, weil es demonstriert, wie blank manche Konzepte doch sind."[23] Im Mai meldet sich „die Stimme der Jugend" dann noch in Gestalt eines Youtubers namens Rezo, der sich dem Thema der Zerstörung der CDU bzw. des Klimas widmete. Das fand die CDU dann nicht mehr unbedingt lustig und konnte sich nicht so recht zwischen Abwehren und Ranschmeißen entscheiden, wobei Letzteres am Ende doch überwog. Wenn man sich gerade für den Europawahlkampf sogar ein eigenes Logo „35 Jahre CDU Klimaschutz"[24] gestalten lassen hatte, konnte man sich der Forderung der „Jugend" nach mehr Klimaschutz ja wohl kaum entgegenstellen.

Anspruch des Populismus ist das Eintreten für die Interessen des Volkes gegenüber dem Establishment. Daran ist grundsätzlich nichts falsch. Populismus kann nur erfolgreich sein, wenn ein größerer Teil des Volkes der Auffassung

---

[22] Wenig störten die lobhudelnden Politiker dabei Ungereimtheiten, etwa dass die selbstgefällige Anführerin der Proteste, eine Nichtmehrganzschülerin und grüne Nachwuchspolitikerin (aber immer noch von ungetrübter Jugendlichkeit), in den sozialen Medien längst als #LangstreckenLuisa – („[…] ich ernähre mich vegan. Ich versuche, so wenig zu fliegen wie überhaupt nur möglich […])" (YouTube) bekannt war, nachdem übelmeinende Kritiker einmal die Fotoreisegrüße von ihrem Instagram-Account aus allen Winkeln der Erde zusammengeschnitten hatten.

[23] „Ziele formulieren kann jeder", Interview mit Armin Nassehi, taz online, 15.06.2019.

[24] CDU, Twitter, 23.05.2019.

ist, dass seine Interessen nicht ausreichend berücksichtigt werden. Der Populismus ist ein Symptom, und Symptombekämpfung löst bekanntlich nicht das Problem. Diejenigen, die sich dem breiteren Konsens nicht unterordnen wollen – z.B. in Fragen der EU, des Klimawandels oder der Immigration – wurden oft genug als Extremisten, Wahrheitsleugner oder Spinner abgetan.

Die so Ausgegrenzten reagierten darauf mit dem Hinweis, dass sie gar keine vernachlässigbare Minderheit sind – sondern eben die „eigentlichen" Vertreter der Mehrheitsmeinung. Um den Streit zu entscheiden, wer legitime Stimme des Volkes ist, gibt es nur eine Lösung: Wir müssen den Anspruch derer, die sagen „Wir sind das Volk" ebenso zurückweisen wie jenen derer, die sagen „Wir sind die Vielen". Das Volk selbst muss sprechen, wenn wir die Stimme des Volkes hören wollen.

Die Vermittung
der Parteien

In der Parteienlandschaft ist angesichts der ungeliebten Newcomer ein Hang zur Geschlossenheit unübersehbar. Dies hat zur Folge, dass die Polarisierungen und Spaltungen in der Gesellschaft durch die herkömmlichen Parteien nicht mehr aufgefangen und kanalisiert werden. Alle streben nach einem Platz in der Mitte. Die Politologen Danny Michelsen und Franz Walter beschreiben treffend, wie nahe sich die etablierten Parteien heute sind: „Sozialdemokraten können sich an Wahlabenden hämisch freuen, wenn CDU-Anhänger aufgrund gravierender Verluste ihrer Partei tieftraurig in die Kamera schauen. Grüne gönnen den Freidemokraten die heftigsten Einbrüche; Liberale jauchzen bei

Verlusten der Öko-Partei. In der Schadenfreude sind die alten politischen Lager noch ordentlich sortiert. Aber sonst? Kann man noch irgendeinen Sozialdemokraten erhitzt mit einem Christdemokraten disputieren sehen? Worüber sollten sie sich auch streiten? Über den Atomausstieg? Über Steuer- oder Sparpolitik? Über vorschulische Kinderbetreuungseinrichtungen? Über den Mindestlohn? Über den Erhalt des Sozialstaats? Gar über Europa? Eine grundsätzliche Differenz gibt es in all diesen Fragen nicht mehr.

Zugespitzt: Auf der öffentlichen Bühne finden wir heute überwiegend Darsteller des Politischen, die von Fall zu Fall und bevorzugt vor Fernsehpublikum mit theatralischer Stimme irgendeinen Vertreter einer anderen Partei andonnern, ohne im Inneren auch nur im Geringsten erregt, aufgewühlt oder wirklich empört zu sein."[25] Die Folge ist nicht nur eine langweilige Politik, sondern auch die weitere Isolierung der Wähler, die abweichende Meinungen vertreten.

Die belgische Politikwissenschaftlerin Chantal Mouffe hat für diese neue Formation den Begriff „radikale Mitte" geprägt. Sie schreibt: „Indem die ‚radikale Mitte' das konfliktäre Politikmodell und die Links-rechts-Dichotomie für obsolet erklärte und den ‚Konsens der Mitte' zwischen Mitte-links und Mitte-rechts zelebrierte, trat sie für eine technokratische Spielart von Politik ein, der zufolge unter Politik nicht die konfrontative Auseinandersetzung zwischen Parteien, sondern das neutrale Management der öffentlichen Angelegenheiten zu verstehen war."[26] Die Tendenz zur Mitte ist also gleichzeitig eine zur Entpolitisierung. Politiker sehen sich

[25] Danny Michelsen / Franz Walter: „Unpolitische Demokratie: Zur Krise der Repräsentation", edition suhrkamp 2013.
[26] Chantal Mouffe: „Für einen linken Populismus", Suhrkamp 2018, Kindle Edition, Pos. 210–213.

selbst als unideologische Manager. Und viele Wähler erwarten nichts anderes von ihnen. Sie empfinden jeden Einbruch des Politischen in die Politik als störend.

Wie man zu dieser Managerherrschaft steht, scheint heute ein entscheidendes Kriterium für aktuelle Entwicklungen in der Politik zu sein. Der britische Publizist Kenan Malik schreibt: „Die neue politische Bruchlinie in Europa liegt nicht zwischen links und rechts, zwischen Sozialdemokratie und Konservatismus, sondern zwischen denen, die sich in der post-ideologischen, post-politischen Welt zu Hause fühlen – oder zumindest bereit sind, sich ihr anzupassen – und denen, die sich ausgegrenzt, enteignet und sprachlos fühlen. Diese Art von Spaltungen hat es natürlich schon immer gegeben. In der Vergangenheit konnte dieses Gefühl der Enteignung und Sprachlosigkeit jedoch politisch zum Ausdruck gebracht werden, insbesondere durch die Organisationen der Linken und der Arbeiterbewegung. Jetzt nicht mehr. Es ist die Erosion solcher Mechanismen, die zur Neuausrichtung der politischen Landschaft Europas führt."[27]

Angst und Zensur
als Antwort

Wir erleben in Deutschland eine Homogenisierung der politischen Klasse, die sich zunehmend als unausgewogene Zweiteilung präsentiert. Auf der einen Seite, die sich selbst als die Mitte sieht, stehen die Vertreter einer nach deren Selbstverständnis „liberalen Demokratie" von CDU, SPD, FDP, Grünen und Teilen der Linken. Auf der anderen Seite stehen die Schmuddelkinder von der AfD und Teilen der

---

27 Kenan Malik: „Populism: What, why, how?", Website des Autors.

Linken. Das Problem ist, dass dieses Establishment entgegen seines Selbstverständnisses sowohl mit der Liberalität als auch mit der Demokratie hadert. Und das auch an beiden Fronten zu spüren bekommt. Das demokratische Defizit zeigt sich in der Abgehobenheit. Die Parteibasis ist geschrumpft und gezähmt, der normale Mann von der Straße oder die Frau aus dem Supermarkt sind zu unheimlichen Fremden geworden. Mangelnde Liberalität zeigt sich u.a. im bereits oben erwähnten immer schwächeren Bekenntnis zur Meinungsfreiheit und in paternalistischen Tendenzen, also dem Bemühen, die Bürger zu erziehen und in ihren privaten Angelegenheiten zu bevormunden.

Aus Angst, die Kontrolle über die Debatten zu verlieren, hat die große Koalition in den letzten Jahren scharfe Gesetze gegen die unerwünschte freie Rede im Netz verabschiedet – und das nicht zuletzt auch mit dem Hinweis auf die wehrhafte Demokratie begründet. Diese richten sich insbesondere gegen die Kritiker der Immigrationspolitik. Seit 2013 ist die Zahl derer, die wegen Volksverhetzung angezeigt wurden, um ein Vielfaches gestiegen. Im Bundesland Sachsen verfünffachte sich die Zahl der Anzeigen in der Zeit zwischen 2013 und 2016.[28] Insgesamt sind in diesem Bundesland weit über 1000 Personen betroffen. Seit einigen Jahren gibt es sogar den „Aktionstag zur Bekämpfung von Hasspostings" mit polizeilichen Hausdurchsuchungen.

Es entsteht zunehmend eine Art Wagenburgmentalität. Der Kontakt mit den Wählern gestaltet sich schwierig. Organisationen, die eine Verbindung zwischen Volk und politischem Apparat herstellen – dazu gehören traditionell vor allem die großen Volksparteien – verlieren an Bedeutung.

---

28 „Sachsen: Zahl der Volksverhetzung seit 2013 verfünffacht", Merkur online, 02.02.2017.

Der Drang
zur Vereinheitlichung

Für die Politik haben die Vereinheitlichung und die Konzentration auf die extreme Mitte weitreichende, fatale Folgen. Der Soziologe Wolfgang Sofsky schreibt: „In chronischen Groß- oder Allparteienkoalitionen ist Opposition ohnehin kaum vorgesehen. Widerworte zählen hier als Sünde am Konsens – der Oligarchie. Die Regierungsparteien beherrschen Parlament, Exekutive sowie Teile der Judikative und oft auch der staatsnahen Medien."[29] Abgeordnete seien der Parteielite unterstellt. Fraktions- und Koalitionsdisziplin forderten einstimmige Gefolgschaft. Das Parlament verkomme zum Hilfsorgan der Exekutive. Das Grundprinzip republikanischer Freiheit, die Teilung der Gewalten, sei weitgehend aufgehoben. Ein Beispiel dafür, wie Recht er hat, zeigte sich an den Auseinandersetzungen um den Europäischen Stabilitätsmechanismus während der Euro-Krise. Die wenigen Parteirebellen, die wie die SPD-Politikerin Herta Däubler-Gmelin oder der CSU-Mann Peter Gauweiler den Konsens nicht mittragen wollten, eine Volksabstimmung verlangten und eine Klage vor dem Bundesverfassungsgericht anstrengten, wurden innerhalb ihrer Parteien schnell kaltgestellt und isoliert.

Der Rechtsphilosoph Horst Dreier spricht von einer „Vernachlässigung der Forumsfunktion". Denn ein Parlament habe nicht nur Wahl-, Gesetzgebungs- und Kontrollfunktionen, sondern auch „eine Repräsentationsfunktion in dem Sinne, dass es stellvertretend für die Gesamtgesellschaft die

---

[29] Wolfgang Sofsky: „Das Volk schaut nur zu. Denn Demokratie ist am Ende Oligarchie", NZZ online, 19.02.2019.

großen, die Menschen bewegenden politischen und sozialen Themen aufgreift, aufbereitet, vorstellt und kontrovers diskutiert." Es müsse „der Ort zentraler gesellschaftlicher Debatten sein."[30]

Die Parteien der Mitte stehen in einem internen Wettbewerb um „Otto Normalabweicher". Sie buhlen um die Minderheiten, die für sie in doppelter Weise wichtig sind. Zum einen als reale Wählergruppen. Denn zur jeweiligen Gruppenidentität gehören auch kollektive Parteipräferenzen, die es zu gewinnen gilt. Zum anderen als Ausweis der Modernität, also dafür, eine minderheitenliebende Partei zu sein und damit eine Partei für das gesamte Volk 2.0. Die unterdrückte und gefürchtete Meinungsvielfalt wird durch eine Vielfalt bei Hautfarben, Genderidentitäten und sexuellen Präferenzen ersetzt. An die Stelle von sozioökonomischen Trennlinien sind identitätspolitische getreten. Man kann sich heute nicht mehr darauf beschränken, die Partei der Arbeiter, der sozialen Marktwirtschaft, der Besserverdienenden oder der Umwelt zu sein. Inklusion ist das Gebot der Stunde und so versucht sich letztlich jede Partei als „Partei der Vielen", die in den Zeiten des Volks 2.0 zur Erbin der einstigen Volkspartei geworden ist.

Globalisierung

Der zweite Homogenisierungsmotor ist der Globalismus oder Planetarismus. Dieser besagt, dass die Belange des eigenen Landes und des eigenen Volkes in Relation zu den globalen Menschheitsfragen immer mehr an Bedeutung

[30] Horst Dreier: „Vom Schwinden der Demokratie" in: Friedrich Wilhelm Graf (Hg.): „Die Zukunft der Demokratie: Kritik und Plädoyer", C.H.Beck 2018, Kindle-Edition.

verlieren und dass damit die Stimme des Volkes immer weniger den Ton angeben kann. Moderne Politik für das Volk 2.0 ist geprägt durch die Imperative des Marktes, der überstaatlichen Organisationen und des Planeten. Im Idealfall summt das Volk fröhlich mit und stimmt in die Refrains kräftig ein. Im Zweifelsfall muss man eben gegen die „falschen" Interessen des Volkes klar durchgreifen. Am 31. Januar 2019 titelte die Wochenzeitung Der Freitag „Öko-Diktatur? Ja, bitte! Tempolimit, Flugverbot, Kohleausstieg. Hartes Eingreifen rettet den Planeten." Im Leitartikel wird beklagt, dass die „Regierung den Einzelnen und seine Konsumfreiheit – und die Freiheit und Profite der Konzerne" schütze und zunehmend Gerichte, etwa der Europäische Gerichtshof, „für den Schutz der Allgemeinheit einspringen" müssten. Mit „Allgemeinheit" ist zunächst einmal der Planet gemeint. Der Text endet mit der mustergültigen Warnung: „Und auf einem toten Planeten gibt es keine Arbeitsplätze."[31] So wird gewissermaßen der permanente Notstand ausgerufen, der die Exekutive berechtigt, sich über den Souverän hinwegzusetzen. Wenige Monate später avancierte ein 16-jähriges schwedisches Mädchen zum menetekelnden Medienstar und einige Städte, etwa das mehr unter dem Druck des Brexit als unter dem Wetter leidende London oder das beschauliche Konstanz am Bodensee, begannen tatsächlich damit, den „Klimanotstand" auszurufen.

Die Technikhistorikerin Anna Veronika Wendland beschreibt treffend die Demokratiemüdigkeit ökologisch motivierter Alarmisten: „Alle pflegen sie ein apokalyptisch-aktionistisch-revolutionäres Krisendenken, das keine Alternativen und auch keine Nachdenk- und Atempausen

---

[31] Kathrin Hartmann: „Der Gärtner wird zum Bock", Freitag 05/2019.

zulässt. Und alle eint die Vorstellung einer ökologischen Utopie – oder eher Eschatologie: die kommende Welt, die energetische Heilszeit sei nahe. Wenn wir jetzt Revolution machen. Diese Merkmale, die vermeintliche Alternativlosigkeit, das Endzeit-Denken und der revolutionäre Voluntarismus rechtfertigen auch die Missachtung demokratisch-parlamentarischer Prozesse – wenn es der Sache dient." Die Versuchung sei groß: „Wäre nicht ein wenig mehr Durchgreifen, ein bisschen mehr Autorität, ein bisschen frischer Wind gut fürs Gute? Wozu die lahmen und zahnlosen demokratischen Prozesse, das Gekläff der widerstreitenden Parteien, während die Welt zugrunde geht?"[32] Wenn sich eine solche Haltung in der Politik Geltung verschafft, ist die Stunde der Technokraten gekommen.

Ähnlich liest sich das in einem offenen Brief, dessen Absender sich als „Wir, die jungen Generationen" bezeichnen: „Wir jungen Menschen wissen, dass wir längst keine Zeit mehr für politisches Hinhalten haben und dass jetzt die letzte Möglichkeit ist, den vollständigen Klimakollaps und den damit einhergehenden fortschreitenden Artenverlust noch zu verhindern." Es lässt sich bezweifeln, dass die Unterzeichner eine Vorstellung davon haben, was ein „vollständiger Klimakollaps" sein mag. Aber das ist auch ganz egal. Ihnen geht es vor allem darum, einen Anspruch zu formulieren, der auf jeden Fall kein demokratischer ist. Zeit- und jugendgemäß narzisstisch fassen sie ihn in das Flaggenwort *#Die-ZukunftSindWir*.[33]

[32] Anna Veronika Wendland: „Ökodiktatur und Ökomoderne", Salonkolumnisten, 06.02.2019.
[33] „Schüler protestieren für den Klimaschutz – ihr offener Brief an die Kohlekommission", Neon online, 24.01.2019.

Die verbreitete Behauptung, Umweltprobleme und andere „globale" Herausforderungen würden den demokratischen Nationalstaat obsolet machen, hat wenig Substanz. Tatsächlich gibt es ökologische Herausforderungen, die grenzüberschreitend sind oder gar die gesamte Menschheit betreffen. Und es besteht die Gefahr von externen Effekten (also Schäden, für die kein individueller Akteur in Haftung zu nehmen ist) und Trittbrettfahrerei von Staaten, die die eigene Wettbewerbsfähigkeit nicht durch hohe Umweltauflagen gefährden wollen. Es ist allerdings ein Fehlschluss, anzunehmen, dass die Inangriffnahme „globaler" (oder internationaler) Probleme und die Demokratie einander ausschließen. Demokratisch legitimierte Regierungen können auf Augenhöhe interagieren und gemeinsame Probleme wie Terrorismus, Seuchenbekämpfung, Menschenhandel, Klimawandel etc. angehen. Beispiele aus der Vergangenheit, etwa die Londoner Konferenz zum Schutz der Ozonschicht (1990) bei der entschieden wurde, die Herstellung von Fluorchlorkohlenwasserstoffen (FCKWs) zu stoppen, zeigen, dass Staaten durchaus in der Lage sind, bei übergeordneten Belangen zusammenzuarbeiten und die richtigen Entscheidungen zu treffen.

Weit verbreitet ist auch die Vorstellung, der Nationalstaat habe angesichts von internationalen Waren- und Kapitalströmen und global agierenden Großkonzernen die ökonomische Kontrolle verloren. Tatsächlich sind die Handlungsräume der gewählten Volksvertreter zunehmend eingeschränkt. Das liegt jedoch nicht an den vermeintlichen Imperativen der Globalisierung, sondern daran, dass sie selbst immer mehr Macht an supranationale, nicht demokratisch legitimierte Instanzen wie die Europäische Kommission, Europäische Zentralbank (EZB) oder den Internationalen

Währungsfonds (IWF) übertragen haben. Der Supranationalismus zwängt die Staaten in ein enges Korsett. Die Euro-Gemeinschaftswährung macht etwa länderspezifische Währungsanpassungen unmöglich. Die EU-Richtlinien zu Arbeitsmärkten, Sozialsystemen und Umweltschutz werden den sehr unterschiedlichen Realitäten in den Mitgliedsländern nicht gerecht. Die Eliten beschwören ihre eigene Ohnmacht angesichts „der Globalisierung", doch in Wahrheit handelt es sich um eine selbsterfüllende Prophezeiung. Das Abtreten von Souveränität und die Beschränkung politischer Handlungsoptionen war ein bewusster Prozess, der sich prinzipiell wieder umkehren ließe.

Die Bedeutung der Globalisierung sollte nicht unterschätzt, aber auch nicht mythisch überhöht werden. Die Welt ist weniger „global", als die meisten Menschen denken, ökonomische Aktivität findet immer noch weitestgehend im nationalen Rahmen statt. 2001 waren weniger als 25 Prozent der Wirtschaftsaktivität international (davon vieles regional), weniger als 10 Prozent der Investitionen waren ausländische Direktinvestitionen, nur 20 Prozent des Aktienkapitals gehörte ausländischen Investoren.[34] Auch das Führungspersonal des Kapitalismus ist nach wie vor national geprägt. „Von den CEOs der tausend größten Konzerne und von den tausend reichsten Menschen der Welt leben und arbeiten 90 Prozent in ihrem Heimatland", schrieb 2018 der Soziologe Michael Hartmann.[35] Die meisten Unternehmen bleiben in inländischer Hand, viele produzieren größtenteils für den Heimat- oder Regionalmarkt. Ihre Innovationsstrukturen

---

34 Pankaj Ghemawat: „Distance Still Matters: The Hard Reality of Global Expansion" in: Harvard Business Review, September 2001.
35 Michael Hartmann: „Die Abgehobenen: Wie die Eliten die Demokratie gefährden", Campus Verlag 2018.

sind eng mit nationalen Forschungseinrichtungen ver-
knüpft. Der Ökonom Grahame Thompson argumentiert, dass
auch das Finanzsystem nicht wirklich global ist, sondern
eher als „supranational regional" beschrieben werden kann.[36]

Arbeitskraft ist ohnehin weit weniger globalisiert als
Kapital. Abgesehen von kleinen Segmenten am allerunters-
ten und obersten Ende des Qualifikationsspektrums sind die
meisten Arbeitnehmer nicht international mobil. Qualifika-
tionen und Fähigkeiten der Arbeiterschaft sind größtenteils
von nationalen (bildungs-)politischen Entscheidungen abhängig. Die meisten konkreten Probleme, die die Menschen
beschäftigen, also Bildung, Sicherheit, Infrastruktur, Gesundheit, bezahlbarer Wohnraum etc., sind keine „globalen Herausforderungen", sondern vor allem Gegenstand der nationalen Politik (oder sollten es zumindest sein).

Oft wird behauptet, dass die Integration der Entwicklungsländer in den Welthandel den Löhnen in den Indust-
rieländern Schaden zufügt. Wer diese Behauptung aufstellt,
müsste zeigen, dass die Entwicklungsländer durch steigende internationale Marktanteile und schließlich steigende
Leistungsbilanzüberschüsse die Industrieländer bedrängen,
schrieben 2018 die Ökonomen Heiner Flassbeck und Paul
Steinhardt.[37] Der Großteil der Entwicklungsländer weist allerdings Leistungsbilanzdefizite aus. Tatsächlich sind es
gerade nicht die Branchen, die im internationalen Wettbewerb stehen, die Niedriglöhne und Prekarisierung aufwei-
sen. Dem Fließbandarbeiter bei VW und der Chemielaboran-
tin bei BASF geht es vergleichsweise gut. Die Menschen,

[36] Grahame F. Thompson: „,Financial Globalisation' and the ,Crisis': A Critical Assessment
and ,What is to be Done'?" in: New Political Economy, 30.03.2010.
[37] Heiner Flassbeck / Paul Steinhardt: „Gescheiterte Globalisierung: Ungleichheit, Geld
und die Renaissance des Staates", edition suhrkamp 2018.

denen es im Westen am materiell schlechtesten geht, arbeiten vor allem im hochgradig lokalisierten Dienstleistungssektor (Alten- und Krankenpflege, Gastgewerbe, Sicherheitsgewerbe …). Die schlechten Löhne und Arbeitsbedingungen in diesen Branchen resultieren aus nationalen politischen Weichenstellungen und sind keine zwingend notwendige Reaktion auf den Druck der Globalisierung.

Der Verweis auf die Macht der Globalisierung steht für eine Politik der Alternativlosigkeit. Es ist nicht neu, dass unser Leben von vielen externen Faktoren beeinflusst wird, die außerhalb unserer Kontrolle liegen. Eine enge wirtschaftliche Verknüpfung hat es auch in früheren Zeiten, etwa zu Beginn des 20. Jahrhunderts, gegeben. Die Frage ist, wie wir auf diese Einflüsse reagieren: Wie können wir z.B. Konjunkturschwankungen der Weltwirtschaft abfedern und für Wachstum und Vollbeschäftigung sorgen? Wie ist die Flüchtlingskrise zu meistern? Wie lässt sich das Risiko von Klimaveränderungen verringern? Auf all diese Fragen gibt es unterschiedliche Antworten und eine Vielzahl von Optionen. Doch statt sich in den Wettstreit um Ideen zu begeben, setzt die Politik auf Vorsicht und Zurückhaltung.

Niemand will sich mit neuen Ideen die Finger verbrennen oder ein Risiko eingehen. Dabei dürfen einfache Bürger erwarten, dass die politischen Eliten sich kreativ zeigen und alle Register ziehen, um den gesellschaftlichen Wohlstand und Entwicklungsstand zu steigern und der breiten Masse neue Lebens- und Freiheitsperspektiven zu eröffnen. In der Vergangenheit haben souveräne Staaten immer wieder politische Entscheidungen getroffen, die ihre ökonomische Entwicklung nachhaltig positiv beeinflusst haben. Beispiele wären die Modernisierung der amerikanischen Bildungs- und Forschungslandschaft nach dem sogenannten „Sputnik-

Schock" oder die Schaffung des „dualen" Berufsausbildungs-systems in Deutschland, das eine positive Rückkopplungs-schleife von Lohn- und Produktivitätssteigerungen auslöste. Auch das kleine, auf den ersten Blick unwirtliche Israel – von Feinden umlagert und aus guten Gründen misstrauisch gegenüber supranationalen Strukturen – konnte sich dank kluger politischer Entscheidungen zu einem der wohlhabendsten und innovativsten Länder der Welt entwickeln.

Auch in einer globalisierten Marktwirtschaft hat der Staat große wirtschaftspolitische Gestaltungsspielräume und kann zum Geburtshelfer ökonomischer Entwicklung werden. Leider wird die volle Bandbreite der Handlungsoptionen nicht ausgeschöpft. Mit der Aushöhlung der klassischen politischen Fronten – von konservativ bis liberal oder links usw. – hat auch die Ideenlosigkeit in der Politik zugenommen. Statt Meinungspluralismus hat sich eine Sichtweise herauskristallisiert, die als die Sicht der Elite bezeichnet werden kann. Der Verweis auf die Globalisierung ist zu einem Instrument der Politik der Angst oder der Lähmung geworden.

Kulturelle Spaltung

Die Spaltung in der Gesellschaft, die sich in den letzten Jahren so deutlich zeigt und vom Establishment als populistische Gefahr interpretiert wird, ist über Jahrzehnte gewachsen. Es sind nicht die gleichen Spaltungen, die die Gesellschaft des 19. oder 20. Jahrhunderts auszeichneten, als es um die großen Klassenkonflikte ging. Die heutige politische Sprache teilt die Gesellschaft nicht mehr in „links" oder „rechts" – in Sozialisten oder Kapitalisten – auf. Das Bild, das sich uns bietet, ist eher das einer Gesellschaft, in der eine gut situierte, meist akademisch gebildete Mittelschicht ihre

Werte als allgemeingültig definiert und sie allen anderen vorzuschreiben sucht. Oft sind es die sogenannten post-materiellen Werte, die Belange wie den Umweltschutz oder globale soziale Gerechtigkeit umfassen. Diese Werte werden von ihren Vertretern als progressiv angesehen. Sie setzen sich für die „Ehe für alle" ein, für die EU, den ökologischen Landbau usw. Kurzum, sie sehen ihre Werte und Einstellungen ganz und gar als die einzig richtigen und moralisch höherwertigen an. Die Kehrseite aber ist, dass sich andere Teile der Gesellschaft zunehmend ausgeschlossen fühlen. Je selbstsicherer oder selbstgerechter die eine Seite auftritt, desto mehr fühlt sich die andere Seite ausgegrenzt, während ihre Werte nur noch Verachtung zu verdienen scheinen.

Dazu gehören all diejenigen, die traditionellere Familienwerte vertreten oder meinen, dass die herkömmliche Ehe auch ein Wert ist, den es zu schützen gilt, dass die Aufweichung der Grenzen nicht nur Vorteile bringt, dass die EU kein Friedensprojekt ist oder die Energie-, Mobilitäts- oder Agrarwende keine Meilensteine des Fortschritts sind. Zum großen Schrecken vieler selbsternannter Liberaler hat sich in den letzten Jahren gezeigt, dass die Gruppe dieser „Rückständigen" viel größer ist, als sie glaubten. Ja, es zeigte sich sogar, dass man sich jahrelang nur in den eigenen Kreisen bewegt hatte – in den sogenannten Echo-Kammern – und nur deswegen glaubte, für eine deutliche Mehrheit zu sprechen. Dabei gab es klare Anzeichen dafür, dass etwas nicht stimmte – angefangen bei der ständig zurückgehenden Wahlbeteiligung, die für eine große Unzufriedenheit sprach. Doch solange sich der Protest nur passiv – durch die so genannte Politikverdrossenheit – zeigte, war es relativ leicht, die Zeichen zu ignorieren. Statt sich mit den Ursachen zu beschäftigen oder den offenen Dialog zu fördern, pflegte man das Bild der bildungsfernen Wählerschicht, die sich einfach nicht für Politik interessierte oder sie nicht verstand. Das änderte sich in diesem Jahrzehnt mit dem Aufkommen des Populismus. Im Juni 2014 demonstrierten Tausende in Baden-Württemberg gegen die von der grünen Landesregierung geplanten Reformen des Sexualkundeunterrichts an Schulen. Im gleichen Jahr zeigte sich, dass die erst im Jahr zuvor gegründete AfD aus dem Stand bei Landtagswahlen (z.B. in Berlin) zweistellige Ergebnisse erzielen konnte.

Doch der Ursprung der Spaltung geht noch weiter zurück. Der amerikanische Historiker Christopher Lasch schrieb 1994: „Die Kulturkriege, die Amerika seit den sechziger Jahren erschüttert haben, werden am besten als eine Form des Klassenkampfes verstanden, in dem eine aufgeklärte Elite (wie sie über sich selbst denkt) nicht so sehr danach strebt, der Mehrheit ihre Werte aufzuzwingen (eine Mehrheit, die als unverbesserlich rassistisch, sexistisch, provinziell und fremdenfeindlich wahrgenommen wird), geschweige denn, die Mehrheit durch eine rationale öffentliche Debatte zu überzeugen, als vielmehr danach, parallele oder ‚alternative‘ Institutionen zu schaffen, in denen es überhaupt nicht mehr notwendig sein wird, sich mit den Unaufgeklärten zu befassen."[38] Diese Institutionen, die den Kontakt mit der Mehrheit der Bevölkerung minimieren, können per se keine demokratischen Institutionen sein.

---

[38] Christopher Lasch: „The Revolt of the Elites and the Betrayal of Democracy", W. W. Norton & Company 1996, Kindle Edition, S. 20–21.

Städtisch, ökologisch, unsozial
– die neue Mitte

Die neue Mitte zeigte sich schon früh unsensibel gegenüber sozioökonomischen Fragen und pflegte nicht selten einen pessimistischen, fortschrittsfeindlichen Anti-Humanismus. Im Namen der Bedürfnisse des Planeten verlangte sie Verzicht. Aussicht auf Rettung bestehe nur noch, wenn das gemeine Volk weniger heizt, weniger fliegt, weniger Auto fährt und weniger Fleisch isst.

Die Zielgruppe der ehemaligen Volksparteien ist heute schwerpunktmäßig das Volk 2.0. Bei der SPD hat sich der Wandel im Grunde ganz simpel vollzogen. Sie war die Partei der Stadtbewohner. Und ist es geblieben, während diese sich wandelten. Früher waren die Industriearbeiter in den Städten, und die sozialdemokratischen Parteien konzentrierten sich hier und organisierten die Arbeiter. In den letzten Jahrzehnten wandelten sich die Städte, die Industrie zog aufs Land, die Wissensarbeiter zogen ein. Die meisten Arbeitsplätze sind heute Schreibtische. Die SPD stellte sich auf die neuen Wähler ein und vertrat immer mehr die Interessen des neuen kosmopolitischen Wählertyps. „Die Demokraten waren zur Partei der Industriestädte geworden und in der nachindustriellen Zeit wurden sie einfach zur Partei der nachindustriellen Städte", schreibt Jonathan Rodden, der an der Stanford University Politikwissenschaften lehrt. Er beschreibt auch für die USA, wie sich die städtische Partei, in diesem Falle die Demokraten, mit der städtischen Wählerschaft entwickelte und sich der Zusammenhang von Bevölkerungsdichte und Parteipräferenz verstärkte.

In Deutschland will heute auch die CDU städtischer (sowie jünger und weiblicher) werden. Schwuler und migrantischer

natürlich auch. Die neuen Massen der „eigensinnig Einzigen"
sollen eingesammelt und schmückenderweise integriert werden. Das nicht modernisierte, gemeine Volk der heterosexuel-
len Fleischesser und Dieselfahrerinnen in der Peripherie bleibt
außen vor.

Die Grünen sind sozusagen das Muster für die neue Mitte. Wir erinnern uns: Lange Zeit waren sie die Anti-Establish-
ment-Partei. Doch durch ihren stetig wachsenden Einfluss,
ihre Entradikalisierung und die ebenso stetige Vergrünung
der anderen Parteien ist das längst Vergangenheit. „Es gibt
keine Partei hierzulande, die staatstragender ist als die Grünen", sagt der Populismus-Forscher Frank Decker.[39] Ähnlich
sieht es Manfred Güllner, der die Ursache für den Niedergang
der Volksparteien in seinem Buch „Der vergessene Wähler.
Vom Aufstieg und Fall der Volksparteien" analysiert. Der
Gründer des Meinungsforschungsinstituts Forsa beschreibt,
wie alle Parteien – vor allem aber die SPD – sich immer mehr
an grüne Positionen anlehnten, dabei aber die Wünsche und
Hoffnungen der Wähler (und Nichtwähler) missachteten.

Die Populisten
als Reaktion

Die Anti-Establishment Position war somit viele Jahre lang
vakant und wurde schließlich von der AfD eingenommen,
die sich nun mit großer Geste gegen die „Alt-Parteien" wen-
det und damit übrigens einen Begriff nutzt, der ursprünglich
von den Grünen geprägt wurde. (Dany Cohn-Bendit sagte
1987, als er für das Amt des Frankfurter Oberbürgermeisters

---

39 „Populismus in Zeiten von Krisen – Herausforderung für die Demokratie", Vortrag
von Frank Decker in der Reihe „Achtung: Demokratie", 12.11.2018.

kandidierte: „Die haben einfach Angst vor einer Debatte mit uns. […] Die Grünen repräsentieren eine Kultur des offenen Redens, mit der die Alt-Parteien nicht fertig werden, von der sie sich bedroht fühlen."[40] Heute geht diese bedrohliche Kultur des offenen Redens offenbar von der AfD aus.)

Eine Demokratie lebt vom politischen Wettstreit unterschiedlicher Positionen und Interessen. Diese müssen im politischen Prozess abgebildet werden. Das geht entweder durch eine mittelgroße Zahl von Parteien mit klar unterschiedlichen Profilen und stabilen, wenig fluktuierenden Wählerbasen oder durch Volksparteien, die die unterschiedlichen Interessen in der Bevölkerung durch entsprechende Gruppierungen innerhalb der Parteien adäquat abbilden. In Deutschland existiert heute weder das eine noch das andere. Die inner- und interparteiliche Homogenität ist insgesamt zu hoch. Und die politischen Positionen sind zu diffus und zu instabil.

Ein Zurück zum alten Typ der Parteienlandschaft, wie er in der Nachkriegszeit entstand, wird es nicht geben. Manche sehen hierfür sehr grundlegende Ursachen. Der Philosoph Andreas Urs Sommer ist der Auffassung, die Idee der Repräsentation sei eine vormoderne Idee: „Sie ist angemessen gewesen in einer Welt, in der die Interessenlagen der einzelnen Bevölkerungsgruppen noch klar und eindeutig waren: Da gab es die Bauern, die von drückenden Abgaben befreit werden wollten, da gab es das Bürgertum, das seine wirtschaftliche Macht gerne um politische Macht erweitern wollte, da gab es den Adel und den Klerus, die ihre Privilegien behalten wollten. Die Idee der Repräsentation ist mit anderen Worten die Idee aus einer ständisch organisierten Welt, in der es nur

---

40 „Grüne – ganz groß", Die Zeit Archiv online, 30.01.1987.

eine sehr beschränkte Vielfalt von Interessen gab." Er fordert die Abkehr von der einseitigen Parteienorientierung und die Hinwendung zur direkten Partizipation. Die angebliche Krise der Demokratie sei nichts weiter als eine Krise der vormodernen Idee der Repräsentation. Für diese Krise gebe es eine einfache und elegante Lösung, nämlich die „Verschweizerung der politischen Welt."[41]

Die repräsentative
Demokratie

Allerdings gibt es durchaus Beispiele dafür, dass die repräsentative Demokratie funktionieren kann, wenn sie wirklich repräsentiert. Dass die Parteien nicht mehr den Willen der Wählerschaft widerspiegeln, dass die entscheidenden Weichenstellungen der Politik in allen möglichen Gremien und supranationalen Organisationen vorgenommen werden, dass Reformen lieber in Medien-Interviews bekannt gegeben werden als im Plenarsaal des Parlaments usw., ist kein Versagen der repräsentativen Demokratie. Vielmehr stellt all dies die Aushöhlung der Demokratie schlechthin dar. Ob die Forderung nach mehr Volksabstimmungen die Demokratie wirklich beflügeln kann, ist nicht gesagt. Mit technischen Mitteln allein lässt sich keine politische Kultur herbeizaubern.[42] Volksentscheide sind nur dann sinnvoll, wenn ihnen eine möglichst breite und offene Debatte vorausgeht – und es wirklich etwas zu entscheiden gibt. Beim Brexit, bei dem die Wahlbeteiligung bei über 72 Prozent lag,

41 Andreas Urs Sommer: „Die Lösung lautet ‚direkte Demokratie'", Deutschlandfunk Kultur, 21.10.2018.
42 Sabine Beppler-Spahl: „Volksentscheide als Zeichen politischer Ideenlosigkeit", Novo online, 01.05.2000.

war dies der Fall. Bei dieser Wahl erhielt die Bevölkerung zum ersten Mal seit über 40 Jahren die Gelegenheit, über eine ganz zentrale politische Frage abzustimmen.

Zuvor gab es wegen des Wahlgesetzes und der mehrheitlich EU-freundlichen Parteien, die im britischen Unterhaus vertreten waren, keine Möglichkeit, den eingeschlagenen Weg zu korrigieren. Die Unterhauswahlen sahen stets nur die Option vor, für eine immer engere Anbindung an die EU zu stimmen – unabhängig davon, was die Mehrheit der Wähler dachte (es sei denn, alle Wähler hätten die EU-kritische, aber auch immigrationsfeindliche UKIP gewählt, was die Mehrheit, zumindest bei den Europawahlen von 2014, auch tat). Die Volksabstimmung war notwendig, weil die repräsentative Demokratie versagt hatte.

Die Frage
der Legitimation

Parteien basieren klassischerweise auf jenen substanziellen Teilen der Bevölkerung, für die sie Partei ergreifen. Doch diese Basis ist, wie wir gesehen haben, von rapidem Schwund betroffen. Der Goldstandard der politischen Legitimierung ist der Status einer Volkspartei mit absoluter Mehrheit. Das hatten wir zuletzt bei den Bayerischen Landtagswahlen 2003, als die CSU auf 60,7 Prozent kam. Bei der letzten Bundestagswahl kam die Union als stärkste Partei gerade einmal auf 32,9 Prozent der Wähler (und 25,1 Prozent der Wahlberechtigten). Das hat auch Auswirkungen aufs Personal: Parteien ohne starke, fordernde Basis degenerieren zu Funktionärsclubs und Karrierenetzwerken. Und dieser Verfall befeuert umgekehrt wieder das Abschmelzen der Basis.

Gleichzeitig zeigen Umfragen, dass Politiker in Sachen Vertrauenswürdigkeit ganz weit unten stehen. Während 96 Prozent der Deutschen Feuerwehrmännern vertrauen und immerhin noch 53 Prozent Unternehmern, kommen Politiker auf extrem dürftige 14 Prozent.[43] Die können daraus nur einen Schluss ziehen: Um die Anerkennung zu bekommen, die man braucht, um sich einigermaßen wohl in seiner Haut zu fühlen, müssen sie sich vom gemeinen Wähler abwenden und an andere halten, die ihr Tun mehr zu schätzen wissen.

Da Glaubwürdigkeit eine Voraussetzung für Autorität ist, mangelt es auch an dieser. Daher ist der Druck groß, sich durch externe Autorität zu legitimieren. Deshalb hat im Geschäft der Legitimitätsbeschaffung eine deutliche Diversifizierung stattgefunden. Zu den neuen, postdemokratischen Legitimationsquellen zählen NGOs, Experten, Medien, Bürgerdialoge, Meinungsumfragen, internationale Institutionen. Politiker nutzen heute NGOs, die sie sich sozusagen als Stimme des Volkes auswählen, um an ihren Forderungen die eigene Responsivität zu demonstrieren, also die Bereitschaft, auf (ausgewählte) Sorgen oder Forderungen einzugehen. Regierung und NGOs (Nichtregierungsorganisationen) arbeiten oft implizit zusammen. NGOs beanspruchen, fürs Volk zu sprechen, und der Staat entscheidet, ob er dies gelten lässt oder nicht. Wenn die Stimmen besonders willkommen sind, werden sie mitunter sogar in erheblichem Umfang öffentlich finanziert. Man denke nur an die Deutsche Umwelthilfe, ein mächtiger Verein, der sich zuletzt vor allem im Kampf gegen den Diesel hervorgetan hat.

Aber erst wenn Forderungen von NGOs oder Bürgerinitiativen in Volksentscheide münden, kann festgestellt werden,

43 GfK Verein: „Trust in Professions 2018", März 2018.

ob sie wirklich für die Mehrheit des Volkes gesprochen haben oder nicht. Das gleiche gilt für Bürgerdialoge und ähnliche Partizipationsformen. Auch für Meinungsumfragen. All diese Unternehmungen, die behaupten, den Bürgerwillen zu eruieren und zu akzeptieren, sind relativ leicht zu steuern. Sie produzieren, auf die eine oder andere Weise, gewünschte und letztlich harmlose Ergebnisse. Danny Michelsen und Franz Walter sprechen von „kanalisierter oder kontrollierter Politisierung".[44] Die „diskursive Ummäntelung irresponsiver, expertenzentrierter Legislationsprozesse" lasse diese legitim und offen erscheinen. Eine solche dialogische Politik der ständigen Konsultation absorbiere jeden etwaigen Widerspruch, der über die Reklamation von Formfehlern hinausgehe.

Als zweite Legitimationsquelle dienen Experten, die die Politiker entweder auswählen, um sich auf sie zu beziehen, oder aber direkt in Kommissionen berufen. In der Wissenschaft nennt man dieses Phänomen „confirmation bias". Es zeigt sich darin, dass man aus der großen Flut der Informationen bevorzugt und weitgehend intuitiv immer die auswählt, die die eigene Meinung bestätigen. Das macht jeder von uns in der alltäglichen Meinungsbildung so. Man muss es sich sehr bewusst machen und sich sehr bewusst dagegen entscheiden, wenn man tatsächlich nach Erkenntnissen statt nach Bestätigung (confirmation) suchen will. Wir dürfen nie vergessen: Experten sind (im politischen Diskurs) immer ausgewählte Experten, Fakten sind immer ausgewählte Fakten. Das heißt nicht, dass sie falsch sein müssen. Aber sie sind stets nur Teil eines großen Bilds und damit niemals hinreichende „überpolitische" Legitimation für politische Entscheidungen.

44 Michelsen / Walter, s. Anm. 25.

Neben Wissenschaftlern dienen der Selbstvergewisserung der Politik häufig auch sogenannte Vertreter der Zivilgesellschaft, die aber auch immer weniger beanspruchen können, den Kontakt zum Volk zu haben, und daher auch immer unzureichender als Legitimationsquelle funktionieren. Was die Zuflucht bei Experten aller Art aus der Politik macht, bringen Michelsen und Walter mit Verweis auf Hannah Arendt auf den Punkt: Despotie: „Immerhin: Der ‚Experte‘ reduziert – wie in unseren übrigen Lebensbereichen auch – die unerträgliche Freiheit der Wahl, sagt uns, wie wir handeln sollen, wodurch allerdings das politische Handeln seine spezifische Qualität verliert, da es auf der perspektivischen Relativität von Meinungen beruht, während in einem Expertendiskurs technische Lösungen und Tatsachenwahrheiten dominieren, die, wie es bei Arendt unmissverständlich heißt, ‚vom Standpunkt der Politik aus gesehen […] despotisch‘ sind." Wo Politik durch „Expertise" ersetzt werden soll, wird Demokratie zu Despotie.

Experten sind heute auf allen Ebenen des politischen Prozesses aktiv und versuchen, ihre Vorstellungen durchzusetzen. Sie werden berufen und fühlen sich berufen. So erarbeiten zum Beispiel die Mitglieder eines Berliner „Ernährungsrats" die üblichen Empfehlungen von „Ernährungsbildung für alle" bis zu regionaler Ökoversorgung aller Kantinen von der Kita bis zur Justizvollzugsanstalt sowie der Einrichtung eines öffentlich finanzierten „House of Food", das als landeseigenes Unternehmen und „Schlüsselprojekt der Berliner Ernährungswende" nur ein erster Baustein für eine „Ernährungsdemokratie für Berlin" sein soll.[45] Die meisten Berliner haben allerdings an so einer „Ernährungsdemokratie" keinerlei Interesse und sind zu Recht der

---

45 „Ernährungswende in Berlin. In die Suppe gespuckt", taz online, 21.02.2019.

Meinung, dass sie gar keine „Berliner Ernährungsstrategie" brauchen und es ihnen selbst überlassen sein sollte, was sie essen.

Viele Experten bewegen sich in Bereichen, in die sie sich aus Sicht des Großteils der Bevölkerung nicht einzumischen haben, etwa die Berufenen der oben erwähnten Berliner „Ernährungswende". Andere werden eingesetzt, um Fragen von weitreichender gesellschaftlicher Bedeutung zu erörtern. So wurde etwa am 22. März 2011 die „Ethikkommission für eine sichere Energieversorgung" von der deutschen Bundeskanzlerin eingesetzt, „um technische und ethische Aspekte der Kernenergie zu prüfen, einen gesellschaftlichen Konsens zum Atomausstieg vorzubereiten und Vorschläge für den Übergang zu erneuerbaren Energien zu erarbeiten."[46] Vorausgegangen war der Atomunfall im japanischen Fukushima am 11. März 2011.

Die Aufgabenstellung lautete: „Wie kann ich den Ausstieg mit Augenmaß so vollziehen, dass der Übergang in das Zeitalter der erneuerbaren Energien ein praktikabler, ein vernünftiger ist, und wie kann ich vermeiden, dass zum Beispiel durch den Import von Kernenergie nach Deutschland Risiken eingegangen werden, die vielleicht höher zu bewerten sind als die Risiken bei der Produktion von Kernenergie-Strom im Lande?"

Keine drei Wochen später legte die Kommission ihren Abschlussbericht vor, der aus viel allgemeinem Blabla bestand und im Kern konstatierte, dass der „schnellstmögliche Ausstieg aus der Nutzung der Kernenergie ethisch gut begründet, aus Sicht der Kommission geboten und nach Maßgabe der

―――――――
[46] „Ethikkommission für eine sichere Energieversorgung", Wikipedia-Eintrag, Aufruf 21.06.2019.

Umsetzung der Maßnahmen möglich" sei.[47] Der Ausstieg sei „Herausforderung für alle Beteiligten" und zugleich „Quelle von neuen Chancen für das Mitwirken der Bürger bei dezentralen Entscheidungen." Damit war das Thema aus Sicht der Regierung erledigt und durfte fortan nicht mehr angefasst werden. Angesichts der Tatsache, dass der Klimawandel gemeinhin als die größte globale Herausforderung bezeichnet wird, war dieses Vorgehen Ausdruck größter Bedenkenlosigkeit im politischen Umgang mit der Technologie, die das mit Abstand größte Potenzial für die Bewältigung dieser Herausforderung hat. Nicht nur im Westen, sondern auch in den sogenannten Schwellen- und Entwicklungsländern, die ganz zu Recht danach streben, die Verfügbarkeit von Energie und ihren Energieverbrauch auf das Niveau der Industriestaaten anzuheben.

Die demokratische Partizipation ist also ausgewählten Personengruppen vorbehalten bzw. wird, so gut es geht, auf diese beschränkt. Dies erfolgt teilweise bewusst, teilweise intuitiv, indem man sich einfach jenen Stimmen zuwendet, deren Meinung die eigene bestätigt. Oder die sich zumindest als umgänglich in dem Sinne erweisen, als sie sich mit der Rolle des Ratgebers begnügen, der damit zufrieden ist, sich in ausgewählten Kreisen einbringen zu dürfen, und dessen Hinweise aufgegriffen werden oder auch nicht.

Auch die Medien spielen eine wichtige Rolle. Für die Politiker ist wichtig, wie sie und ihre Politik in der veröffentlichten Meinung dastehen. Das hängt allerdings auch in hohem Maße von der Haltung der Journalisten ab. Die besten Voraussetzungen haben hier derzeit eindeutig die Grünen.

---

[47] „Deutschlands Energiewende – Ein Gemeinschaftswerk für die Zukunft", Bundesregierung online, 20.05.2011.

Sie profitieren einer aktuellen Umfrage zufolge von über-proportionalem Wohlwollen. 42 Prozent aller politischen Journalisten, die nach eigenen Angaben einer Partei nahe-stehen, sympathisieren mit den Grünen, 24 Prozent mit der SPD, 14 Prozent mit der CDU, knapp 12 Prozent mit der FDP, 6,5 Prozent mit der Linken und 1,5 Prozent mit sonstigen.[48]

Nicht zuletzt greift man auf jene zurück, die sich aktiv anbieten und über die notwendigen Ressourcen verfügen, um an der „Managementaufgabe" Politik mitzuwirken: die Gruppe der Lobbyisten verschiedener Provenienz, von den Umweltschutzverbänden bis hin zu Beratungsfirmen und Bankenvertretern. Sie erscheinen letztlich als Kollegen, mit denen man Sachen auf Basis eines gemeinsamen Verständ-nisses einer Aushandlungsdemokratie besprechen kann. Der bevorzugte Ort für diese Gespräche ist Brüssel.

Diplomdemokratie

Die Politik selbst rechtfertigt diese Selektivität in der Bürger-beteiligung damit, dass die globalisierte Welt viel zu komplex für einfache Lösungen sei und es unverantwortlich wäre, hier statt ausgewiesener Experten das einfache Volk zu Rate zu ziehen. Das wird nicht unbedingt immer offen ausgesprochen und auch nicht unbedingt immer offen gedacht, also bewusst entschieden. Letztlich sehen sich viele Politiker durchaus ei-ner Sache verpflichtet und durchaus auch als Repräsentanten des Volkes. Sie wollen nicht unbedingt abgehoben sein, müs-sen aber irgendwie damit umgehen, dass sie es sind. Zumin-dest kann es ihnen nicht gefallen, dass bei Umfragen Politi-ker immer als eine Personengruppe abschneiden, der man

---

[48] „Welcher Partei stehen Sie am nächsten?" statista, 19.08.2010.

besonders wenig vertraut. Da hilft es, die entstandenen expertokratischen Strukturen als alternativlos und irgendwie auch repräsentativ wahrzunehmen und jede Kritik daran als populistisch und damit rechts oder gelegentlich auch linksradikal oder ansonsten zumindest als naiv, uninformiert, inkompetent, verblendet usw. zu entlarven. Sie wirken wie eine Panzerung, die Politikern Halt und Schutz gibt. Aber auch das Gefühl, ohne sie auf ziemlich wackeligen Beinen zu stehen.

Angesichts der zahllosen unliebsamen Wortmeldungen in den nun oft als „asoziale Medien" bezeichneten frei zugänglichen Publikationsräumen des Internets erscheinen Formen der Demokratie, bei denen die Masse des Volkes entscheidet, als die Gefahr, die sie für ein Establishment, das sich als Kreis der Berufenen und Befähigten sieht, auch tatsächlich sind.

Man mag sich in dieser „Diplomdemokratie" durchaus als Repräsentant fühlen, aber nicht als Repräsentant des Volkes, sondern eher als Repräsentant einer Bildungsbürgergesellschaft, über deren Exklusivität man nicht unbedingt Rechnung abzulegen gewillt ist. Der belgische Autor David Van Reybrouck, der den Begriff „Diplomdemokratie" prägte, verweist auf eine niederländische Studie, wonach 87 Prozent der administrativen Elite in den Niederlanden sich selbst für innovativ, freiheitsliebend und international orientiert halten, 89 Prozent von ihnen jedoch glauben, das Volk sei eher traditionell, nationalistisch und konservativ gesinnt. Wenn wir diese Sichtweise nicht einfach als Arroganz der herrschenden Schicht bezeichnen wollen, so können wir sie wohlwollend als die Überzeugung interpretieren, dass man sich als Repräsentant des Volkes sieht, wie es sein sollte, aber nicht des Volkes, wie es ist. Und das erscheint der politischen Klasse legitim und wahrscheinlich auch irgendwie demokratisch.

Aber es ist nicht demokratisch. Letztlich folgen sie dem Ideal einer epistokratischen Regierungsform. Für eine solche „Wissensherrschaft" plädiert der amerikanische politische Philosoph Jason Brennan in seinem Buch „Gegen Demokratie: Warum wir die Politik nicht den Unvernünftigen überlassen dürfen"[49]. Das Ideal ist erreicht, „wenn die politische Macht formal entsprechend der Kompetenz, den Kenntnissen und der Bereitschaft verteilt wird, das Handeln an diesen Kenntnissen auszurichten." Natürlich würden sich unsere Politiker niemals als antidemokratisch bezeichnen. Und sie scheuen so deutliche Formulierungen, wie sie Brennan gebraucht, wenn er etwa sagt: „In Anbetracht der Tatsache, dass die meisten Wähler politisch inkompetent sind, ist die Epistokratie der Demokratie vorzuziehen." Sie würden aber schon seine Bedenken teilen, wenn er schreibt: „Wenn sich die Mehrheit der Wähler unklug verhält, schadet sie nicht nur sich selbst, sondern auch besser informierten und vernünftigeren Wählern, Minderheitswählern, Bürgern, die nicht von ihrem Wahlrecht Gebrauch gemacht haben, zukünftigen Generationen, Kindern, Einwanderern und Ausländern, die nicht wählen dürfen."

Brennan begründet seine Forderung nach einer Epistokratie mit sehr vagen Behauptungen für ihre von ihm vermutete Überlegenheit: dass sie „bessere Ergebnisse" liefere, oder dass sie „in der realen Welt besser funktionieren" würde. Das Entscheidende sei das „Antiautoritätspostulat", das lautet: „Wenn einige Bürger moralisch unvernünftig, unwissend oder politisch inkompetent sind, ist dies ein ausreichender Grund, ihnen nicht zu erlauben, politische

---

49 Jason Brennan: „Gegen Demokratie: Warum wir die Politik nicht den Unvernünftigen überlassen dürfen", Ullstein eBooks 2017.

Autorität über andere auszuüben. Es ist ein Grund, ihnen zu verbieten, Macht auszuüben, oder ihre Macht zu verringern, um Unschuldige vor ihrer Inkompetenz zu schützen."[50]

Nun kann man es als übertrieben empfinden, die Teilnahme an Wahlen als „Machtausübung" zu bezeichnen (und sich an den Spruch erinnern „Wenn Wahlen etwas ändern würden, wären sie verboten."). Man kann sich fragen, was der Mann eigentlich für ein Problem hat. Man kann das Buch aber auch nicht als die provokante Forderung nach Abschaffung der Demokratie lesen, als das es sich präsentiert, sondern als Verteidigung der aktuell vorherrschenden, real existierenden „Diplomdemokratie" (zu deren Überwindung Van Reybrouck übrigens eine „aleatorisch-repräsentative Demokratie" vorschlägt, also eine indirekte Regierungsform, bei der der Unterschied zwischen Regierten und Regierenden zumindest teilweise durch Auslosung statt nur durch Wahlen entsteht, auf die wir an dieser Stelle jedoch nicht weiter eingehen.)

Auch der Philosoph Peter Sloterdijk beklagt „mobokratische Tendenzen" und erkennt diese überall, wo das dumme Volk nicht so abstimmt, wie es ihm, Sloterdijk, gefällt. Etwa bei der Wahl Donald Trumps oder dem britischen Referendum zum EU-Austritt. Sparsam ist er mit dem Vorwurf keinesfalls, sondern sieht auf der ganzen Welt den Mob am Werk. Unter den Mitgliedern der Vereinten Nationen seien „nahezu zwei Drittel, die man als Wahl-Despotien bezeichnen dürfte, sofern es nicht geradezu Erb-Despotien sind wie Syrien und Nord-Korea."[51] Ein Großteil des politischen Lebens

---

[50] Ebd.

[51] Peter Sloterdijk: „Von pseudonymer Politik. Über einige weit verbreitete Missverständnisse der Demokratie" in Graf (Hg.), s. Anm. 30, Pos. 3381.

auf dem Planeten zu Beginn des 21.Jahrhunderts gehöre den Parodien der Demokratie durch plebiszitäre Diktaturen. Um zu überleben, müsse sich die Demokratie „gegen den Einbruch von schwarm-idiotischen Effekten in den öffentlichen Raum" immunisieren.[52] Nun gut, der Mann liebt schrille Töne.

Der ungeliebte
Nationalstaat

Der Ort der Demokratie ist bis heute der Nationalstaat mit seinen Untergliederungen. Wer in meist arglosem Eifer den Nationalstaat überwinden will, nimmt in Kauf, auch der Demokratie verlustig zu gehen.

Mit einer gewissen Resignation stellt Ralf Dahrendorf fest, dass die Entscheidungen „aus dem traditionellen Raum der Demokratie ausgewandert" sind.[53] Er meint damit den Nationalstaat. Aus der Sicht globalistischer Technokraten sind nationale Fragen heute von nachrangiger Bedeutung. In der großen Welt geht es um Friedenssicherung, Behauptung gegen die Wirtschaftsmacht Chinas oder der USA, Schutz des Planeten, Bekämpfung des Terrorismus etc. Daher scheint es ihnen nur folgerichtig, dass auch die Demokratie im supranationalen Paradigma nachgeordnet sein muss.

Der Supranationalismus ist zu einer zentralen Legitimationsbasis des politischen Establishments geworden. In Europa zeigt er sich insbesondere in der hermetischen Welt der vielfältigen Gremien, Kommissionen, expert working groups etc. in Brüssel. In diesen überstaatlichen Strukturen

[52] Ebd., Pos. 3419.
[53] Ralf Dahrendorf: „Die Krisen der Demokratie. Ein Gespräch", Verlag C.H. Beck 2002, S. 17.

können sich die nationalen Experten erst richtig geborgen fühlen. Hier hat man einen wirklich sicheren Abstand zum Wahlvolk, das zwar ein sogenanntes Europäisches Parlament wählen darf, sich aber bewusst sein dürfte, dass mit dieser Stimmabgabe keinerlei Einfluss auf die große Politik verbunden ist. Hier muss man weder Handlungsfähigkeit beweisen, noch muss man sein Handeln oder Nicht-Handeln gegenüber dem Wähler rechtfertigen.

Der Jurist Dietrich Murswiek zeigt an einem Beispiel, wie der europäische Supranationalismus die Demokratie ausbremst: „Angenommen, eine Partei im EU-Staat X würde mit dem Slogan ‚Stoppt den Klimawahn!' in den Wahlkampf ziehen und versprechen, dass es mit ihr keine zusätzlichen Freiheitseinschränkungen zum Klimaschutz geben werde. Sie gewinnt die Wahl und stellt die Regierung. Der Rat beschließt dann gegen die Stimme des Vertreters dieser Regierung eine Verordnung, die Hauseigentümer zu zusätzlichen Wärmedämmungsmaßnahmen zwingt. Wen kann der Wähler im Staat X, der damit nicht einverstanden ist, jetzt wählen? Er kann seine Regierung nicht zur Verantwortung ziehen; sie hatte ja dagegen gestimmt. Demokratisch legitimiert kann die EU-Verordnung also nur dann sein, wenn die Legitimation aus einer anderen Quelle kommt. Von den Staatsvölkern der überstimmten Mitgliedstaaten kommt sie jedenfalls nicht."[54]

Auch auf die Zusammensetzung der Europäischen Kommission, also der eigentlichen Regierung der EU, haben die Wähler keinerlei Einfluss. Weder mit der Stimme bei der Bundestagswahl noch bei der Europawahl können sie

---

54 Dietrich Murswiek: „Die Mehrebenendemokratie in Europa – ein Ding der Unmöglichkeit?" in: Graf (Hg.), s. Anm. 30, Pos. 5183.

mitbestimmen, wer Kommissar wird. In der EU muss sich niemand vor irgendwelchen Wählern rechtfertigen, und wenn ein Wähler wissen möchte, was seine „Volksvertreter" so treiben, müsste er schon einen Detektiv engagieren, der Hinterzimmer verwanzt. „Wenn wir nach Brüssel reisen, um uns anzuhören, wie der Vertreter der Bundesregierung zu einem uns interessierenden Richtlinienentwurf debattiert, werden wir wahrscheinlich mit der Erkenntnis abreisen, dass er überhaupt nicht debattiert hat", konstatiert Murswiek. Und auch die Lektüre der Ratsprotokolle biete keine Information, denn wo keine Debatte stattgefunden habe, bleibe auch das Protokoll ein unbeschriebenes Blatt.[55]

Ingolfur Blühdorn, Professor für Soziale Nachhaltigkeit an der Wirtschaftsuniversität Wien, vertritt in dem Buch „Simulative Demokratie: Neue Politik nach der postdemokratischen Wende"[56] die Auffassung, dass es unklar sei, „ob die Demokratie überhaupt in der Lage ist, Zukunftsfragen wie den Klimawandel, die Begrenztheit natürlicher Rohstoffe, die Verschuldung der öffentlichen Haushalte oder die rasant wachsende soziale Ungleichheit zu bewältigen." Er spricht von der „Einsicht, dass unter den Bedingungen moderner, hochkomplexer und international vernetzter Konsumgesellschaften eine wahrhaft demokratische ‚neue Politik' wohl überhaupt nicht mehr möglich" sei – ja vielleicht nicht einmal mehr wünschenswert. Unsere gewählten Vertreter seien „zunehmend ausführende Organe, Getriebene von Sachzwängen und Imperativen, die jenseits ihrer Macht stehen. Entscheidungen müssen unter dem Druck der Märkte, der Ratingagenturen,

55 Ebd., Pos. 5359.
56 Ingolfur Blühdorn: „Simulative Demokratie: Neue Politik nach der postdemokratischen Wende", Suhrkamp 2013.

der Spekulanten, der drohenden Staatspleiten in einem Tempo gefällt werden, das keine demokratischen Verfahren erlaubt." Das entscheidende Kriterium für dieses entpolitisierte „New Public Management" sei nicht länger, ob und in welchem Maße es demokratischen Normen und Erwartungen entspricht, sondern wie effektiv und effizient es das angeblich objektiv Notwendige umsetze. Die Politik befinde sich in einer permanenten Notstandslage, einem andauernden Verteidigungsfall. Aussichtsreiche Problemlösungsstrategien ließen sich, wenn überhaupt, nur auf internationaler Ebene entwickeln, doch dort gebe es nicht nur keinen Demos mit einem bürgerschaftlichen Zusammengehörigkeitsgefühl, sondern die Politikverflechtung in der Mehrebenenpolitik hebele überdies systematisch das demokratische Gebot der Zurechenbarkeit und Verantwortlichkeit aus.

Blühdorn geht davon aus, dass eine neue Erscheinungsform der Demokratie entsteht und betont, dass „die sogenannte Postdemokratie eben auch als emanzipatorische Errungenschaft betrachtet werden" könne. Aber ist sie das wirklich? Ein Blick auf die bestehenden „globalen" Institutionen offenbart einen seltsamen Zirkus aus nebulösen, unverbindlichen Reden, Kommuniqués und Resolutionen. Die Protagonisten, selbst wenn sie gewählte Politiker sind, treten (ähnlich wie NGOs) als Moralunternehmer auf und versuchen ein abstraktes „Bewusstsein" für die Probleme zu wecken, als hätten sie selbst keine Verantwortung dafür. Wenn dann, wie bei der UN, Saudi-Arabien im Menschenrechtsrat sitzt, oder der Jemen den Beauftragten für „Frauen-Empowerment" stellt, gerät das Ganze endgültig zur Farce.

Die Projekte der „Global Governance" scheinen sorgfältig kalibriert, um die Diktatoren und Kleptokraten der Welt nicht vor den Kopf zu stoßen. Sie blenden die wesentlichen

Faktoren, die zu gesellschaftlichem Fortschritt und menschlichem Gedeihen führen, aus (in den „Nachhaltigen Entwicklungszielen" der UN kommen z.B. „Demokratie", „Bürgerrechte", „Meinungsfreiheit", „Pressefreiheit", „unabhängige Justiz", „Gewaltenteilung", „freie und faire Wahlen" und „Zivilgesellschaft" kein einziges Mal vor, und „Menschenrechte" nur als Unterpunkt[57]). Die Prioritäten und Entscheidungen supranationaler Organisationen erscheinen nicht selten weltfremd, elitär und mitunter menschenfeindlich. Die Weltgesundheitsorganisation (WHO) unterstützte über 30 Jahre lang das Verbot des populären Insektizids DDT. Dieses Verbot war maßgeblich verantwortlich dafür, dass viele Millionen Menschen, vor allem Kinder, in dieser Zeit an Malaria starben. Erst 2007 korrigierte die Organisation ihre Meinung. „Wir müssen eine Position beziehen, die auf der Wissenschaft und den Daten basiert", sagte Dr. Arata Kochi, Direktorin des Global Malaria Programme der WHO. „Eines der besten Werkzeuge, die wir gegen Malaria haben, ist das Sprühen von Häusern in Innenräumen. Von den Dutzenden Insektiziden, die von der WHO als sicher für den Innenraumeinsatz zugelassen wurden, ist DDT das wirksamste."[58] Heute ist die WHO besessen vom Tabak- und Zuckerkonsum, auf Kosten drängenderer Gesundheitsprobleme.[59] Die Weltbank versucht indessen, Entwicklungs- und Schwellenländern gegen deren Willen erneuerbare Energien aufzuzwingen und behindert

---

[57] Siehe Jeffrey Smith: „How the UN's Sustainable Development Goals undermine democracy", Quartz Africa, 07.06.2018.
[58] „WHO gives indoor use of DDT a clean bill of health for controlling malaria", WHO online, 15.09.2006.
[59] Siehe Christoph Lövenich: „E-Zigarette statt Ebola", Novo online, 12.11.2014.

so den Aufbau einer bezahlbaren Energieversorgung für die breite Bevölkerung.[60]

Es zeigt sich, dass die Verfechter eines „postdemokratischen" Supranationalismus ein vollkommen ahistorisches Verständnis von gesellschaftlichem Fortschritt haben. Letzterer wurde nicht von oben „verabreicht". Er wurde vom liberalen Bürgertum, der Arbeiterbewegung und später von marginalisierten Gruppen erkämpft, meist gegen den erbitterten Widerstand der jeweiligen Eliten. Konkret verankert sind unsere gesellschaftlichen Errungenschaften und Freiheiten im Nationalstaat mit seinen Gesetzestexten, Gerichten, Parlamenten und anderen Institutionen. Die Menschheit hat bisher keinen besseren Rahmen für demokratische Entscheidungsfindung, die Institutionalisierung demokratischer Rechenschaftspflichten und gesellschaftliche Solidarität entdeckt, als diesen abgegrenzten geografischen Raum. Nur hier existiert eine demokratische Öffentlichkeit und eine gemeinsame politische Kultur, in der verschiedene Ansätze diskutiert und bewertet und unfähige, selbstsüchtige oder illiberale politische Eliten gegebenenfalls abgewählt werden können.

Der Historiker Ronald G. Asch beschreibt den Trend zur Tribalisierung, also zur Stärkung von Gruppenidentitäten, der überall an Bedeutung gewinnt: „Wenn Menschen sich in der heutigen Gesellschaft stark über ihre ethnische oder religiöse Identität definieren, stärker jedenfalls als vor zwei oder drei Jahrzehnten, dann ist das eben nicht einfach ein Zeichen für den wachsenden Einfluss des religiösen Fanatismus auf der einen und einer intoleranten Fremdenfeindlichkeit auf der anderen Seite, nein es handelt sich zumindest

---

60 The Zimbabwean: „Africa, US question World Bank policy on poor", 19.10.2017.

zum Teil um durchaus zweckrationale Strategien der sozialen Selbstbehauptung, denn Identität ist hier ein kulturelles und soziales Kapital, das einem den Zugang zu wertvollen Netzwerken der Solidarität sichert."[61] Gerade in Zeiten der wirtschaftlichen Unsicherheit, in denen sich zudem der Nationalstaat zunehmend auflöse, und von seinen eigenen Eliten abgeschrieben worden sei, könne man auf diese Form der Solidarität kaum verzichten, wenn man nicht zu den wirklich Wohlhabenden oder zu einer beruflich sehr flexiblen kosmopolitischen Elite gehöre.

Es geht also darum, wie Solidarität sich unter postnationalem Vorzeichen und schwindendem Vertrauen in die Sozialstaatlichkeit realisieren ließe. In der globalisierten Gesellschaft erscheint vielen nationale Solidarität nicht mehr opportun, kosmopolitische Solidarität bleibt aber Illusion. Insbesondere Menschen aus den unteren Schichten sind dann auf Gruppensolidarität zurückgeworfen (wie man sie typischerweise von Einwanderergruppen kennt).

Ein Problem, das in der aktuellen postnationalen Euphorie oft übersehen wird, besteht darin, dass es ohne Nationalstaat auch keinen Sozialstaat gibt. Sozialstaatlichkeit als institutionalisierte Solidarität ist an den Nationalstaat und seine demokratischen Prozesse gebunden. Auf diesen Zusammenhang hat auch Christopher Lasch hingewiesen. Eine Elite von „Weltbürgern" ohne nationales Zugehörigkeitsgefühl hätte wenig Neigung, Opfer zu bringen oder Verantwortung für ihr Handeln zu übernehmen, schrieb er 1994. Lasch befürchtete einen Rückzug der Eliten in abgeschlossene Enklaven mit eigenen privat organisierten Schulen, eigener

---

61 Ronald G. Asch: „Ein Geograph analysiert die Spaltung der Gesellschaft in Frankreich", Tichys Einblick online, 23.10.2016.

Müllentsorgung usw., was letztlich nur eine „höhere Form des Provinzialismus" wäre.[62]

Yascha Mounk plädiert dafür, um der Demokratie willen in Sachen Nationalstaat in die Offensive zu gehen: „Der Nationalismus wird immer das Potenzial für Zerstörung in sich tragen. Aber gerade deshalb fasse ich ihn als halbwildes Biest auf, das wir domestizieren müssen. Wir müssen uns stärker auf diese kollektive Identität besinnen – sie dabei aber auf offene Weise prägen. Wir müssen sagen: Ja, wir haben etwas gemeinsam als Deutsche. Aber nicht nur als Biodeutsche, sondern als Deutsche, egal ob sie aus der Türkei, Nigeria oder Korea stammen. Egal, ob sie christlich oder muslimisch oder jüdisch oder hinduistisch oder gar nicht religiös sind. Es gibt etwas, das uns vereint."[63] Und dieses Etwas besteht schlicht und einfach darin, dass man gemeinsam ein Gebiet bewohnt und gemeinsam ein Staatsvolk konstituiert und damit in einer Demokratie gemeinsam der Souverän ist. Das sind Gemeinsamkeiten, die weit mehr Potenzial für ein harmonisches Zusammenleben bieten als neotribalistisch gehypte Attribute wie Geschlecht, Religion, sexuelle Ausrichtung etc.

Mounk hat Recht. Ein Gemeinwesen braucht eine kollektive Identität, eine gemeinsame Basis. Diese wird gebildet aus Sprache, Kultur und Territorium. Das funktioniert ganz gut in kleineren Nationalstaaten wie Dänemark oder Griechenland oder auch der (viersprachigen) Schweiz und auch noch einigermaßen in größeren wie Deutschland. In supranationalen Gebilden wie der EU sind wir davon aber weit

---

62 Christopher Lasch: „The Revolt of the Elites: Have they canceled their allegiance to America?", Harper's, November 1994.
63 „Die liberale Demokratie zerfällt gerade. Interview mit Yascha Mounk", SZ online, 15.02.2018.

entfernt. Deshalb fehlen der EU die Voraussetzungen, um ein demokratischer (Super-)Staat zu werden.

Die kosmopolitische Klasse müht sich zwar sehr darum, eine europäische Identität zu erzeugen. Aber dieses Unterfangen kann nicht auf Erfolg hoffen. Der Soziologe Ulrich Beck hat das Programm in einem Plädoyer für einen „Kosmopolitismus der kommunikativen Öffnung" schon 2005 formuliert: „‚Europäisch' sind in diesem Sinne ko-nationale Identitäts-, Lebens-, Produktions- und Verkehrsformen, Mehrsprachigkeit, multinationale Netzwerke, binationale Ehen, ‚Ortspolygamie', Bildungsmobilität, transnationale Karrieren, Wissenschafts- und Wirtschaftsverflechtungen."[64] Beck sieht hier einen Gegenentwurf zu den „überkommenen Einheitlichkeitsvorstellungen" eines „großeuropäischen Superstaats", die er zu Recht ablehnt. Nach einer Massenbewegung hört sich das allerdings auch heute noch nicht an. Bei den meisten Menschen wird sich dieses ko-, bi-, multi- und transnationale Leben in Grenzen halten – nicht, weil sie nationalistisch wären, sondern weil ihnen die Möglichkeiten oder auch der Ehrgeiz zum Kosmopolitismus fehlen. Ihre Verbundenheit mit dem Modell des Nationalstaats mag einigen Euro-Snobs rückständig vorkommen. Die vermeintliche Rückständigkeit besteht jedoch darin, dass sie sich sträuben, ihr einigermaßen demokratisches Gemeinwesen in ein postnationales und postdemokratisches Nirwana zu überführen.

Wo sich aber keine Demokratie herausbilden kann, ist die natürliche Herrschaftsstruktur multinationaler Staatsgebilde die imperiale Führung durch einen oder wenige dominierende Staaten. Bei fortschreitender Integration wird sich das auch in der EU immer deutlicher zeigen.

---

[64] Ulrich Beck: „Was zur Wahl steht", Suhrkamp Verlag 2005, S. 64.

Schwache
Opposition

Warum kommt die politische Elite damit durch? Warum wird nicht mehr Demokratie eingefordert? Neben der Einbindung, Vereinnahmung, Bezuschussung und Domestizierung von allerlei Interessengruppen profitiert das politische Establishment vor allem vom Fehlen einer Opposition, die sich für eine Stärkung der Massendemokratie einsetzt. In Deutschland dürfte insbesondere die Schwäche der Linken dafür verantwortlich sein, dass das allgemeine Wahlvolk außen vor bleibt. Die Linke leidet an einer fatalen Spaltung, die der Dramaturg Bernd Stegemann so beschreibt: „Die Beschäftigung mit allen ethnischen und sexuellen Minderheiten verspricht seit Jahren mehr öffentliche Aufmerksamkeit als die uncoole Klasse der Armen. So hat sich die Linke in einen identitätspolitischen und einen sozialpolitischen Flügel gespalten."[65] Ähnlich sieht es der linke Politikwissenschaftler Andreas Nölke. Er verweist auf eine „kulturelle Lücke zwischen den gebildeten, weltoffenen und kulturell zuversichtlichen Funktionsträgern der ‚New-Labour‘-Sozialdemokratie einerseits und den verbitterten, prekären oder sich zumindest vom Abstieg bedroht sehenden Gruppen andererseits. Beide finden den Zugang zur Lebenswelt der jeweils anderen Gruppe kaum noch und stehen sich zunehmend aggressiv gegenüber. Ironischerweise stehen dabei die weniger Privilegierten für den Wandel. Sie wollen, dass sich grundlegend etwas ändert, während die moderne, urbane und ‚kulturlinke‘ Sozialdemokratie inzwischen Teil

---

65 Bernd Stegemann: „Die Moralfalle: Für eine Befreiung linker Politik", Matthes & Seitz Berlin Verlag 2018.

des Establishments ist, sie verteidigt den wirtschaftlichen Status Quo [sic], mit leichten ‚Reförmchen‘."[66]

Ein zweites großes Problem der Linken besteht in einem fortgeschrittenen Übergang von einem wachstums- und fortschrittsfreundlichen Politikmodell zu einer wachstumsskeptischen, ökologistisch kontaminierten Weltsicht, die sie in trauter Einigkeit mit den anderen Parteien teilt. Ziel ist nicht mehr Wohlstand, sondern allenfalls Wohlfahrt in Gestalt von einigermaßen auskömmlichen Sozialleistungen. Ein zu bescheidenes Ziel, wenn man größere Teile der Bevölkerung hinter sich bringen möchte. Das Vertrauen in die Politik und die Politiker schwindet, wenn Menschen feststellen, dass es für sie und viele andere nicht vorangeht, dass ihr Leben nicht besser wird.

Die einzige Chance „linker" Politik (was immer man heute noch darunter verstehen mag) wäre der Populismus. Deshalb fordert etwa Nölke eine „linkspopuläre" Bewegung. Doch davon ist zumindest in Deutschland wenig zu sehen. Stattdessen beobachten wir einen Allparteienkampf gegen den Populismus der AfD, unter dem letztlich vor allem die Linke zu leiden hat. Nölke schreibt: „Politisch mobilisiert wird mit flammenden Parolen gegen Abschottung, Nationalismus, Rassismus oder gar Faschismus, alles Dinge, die durch den Aufstieg rechtspopulistischer Parteien drohen würden. Diese Polarisierungsstrategie ist sehr erfolgreich bei der Mobilisierung wahlmüder Gruppen des Bürgertums und erhöht deren Wahlbeteiligung. Sie bremst insofern auch den Aufstieg der AfD ein wenig. Die wesentlichen Verlierer dieser selektiven Polarisierung sind jedoch linke Parteien. Umso

---

66 Andreas Nölke: „Linkspopulär: Vorwärts handeln, statt rückwärts denken", Westend Verlag 2018, Kindle Edition, Pos. 699–703.

tragischer ist es, dass SPD und Linkspartei zu dieser Überhöhung der AfD beitragen."[67]

Politik
im Schutzmodus

Eine weitere Legitimationsquelle erschließt sich durch eine Schwerpunktverlagerung im Verhältnis zwischen Volk und Staat. Das Volk, von dessen Inkompetenz man insgeheim überzeugt ist, wird nicht mehr repräsentiert und schon gar nicht als Souverän respektiert, sondern es wird geschützt. Im Zweifelsfall und nicht zuletzt auch vor sich selbst. Das Schützen ist zu der Politik liebster Spielart gediehen. Schützen kann man so vieles: Kinder, Frauen, Tiere, L-, G-, T- und B-Menschen, das Klima, die Meere, die Biodiversität, die Böden, die Gletscher, Asthmakranke und Andersbegabte, Arbeitnehmer und Arbeitgeber, Verbraucher, die bäuerliche Landwirtschaft. Und ja, warum nicht: die Demokratie (vor dem Volk). Und dann ja auch irgendwie umgekehrt das Volk vor der Demokratie, also dem Demos, also sich selbst. Der Souverän wird zum Schutzbefohlenen. Der Bestimmer wird zum Kind.

Zum Schützen gesellt sich das Geldverteilen. Mehr braucht Vater Staat nicht. Aber Vater Staat ist keine Demokratie. Er ist, wie der Name schon sagt, ein paternalistisches System. Vater Staat ist eine Degenerationsform des Sozialstaats. Die Verstaatlichung von Gemeinschaftsfunktionen bedeutet für die Bürger eine Abhängigkeit, die nicht mit der Demokratie vereinbar ist.

---

67 Ebd., Pos. 895–899.

Deshalb sind aus kommunitaristischer Sicht Gemeinschaften, in denen soziale Fragen durch informelle Hilfe und informelle soziale Kontrolle weitgehend selbständig geregelt werden, die Basis, auf der der demokratische Staat aufbaut. Dieser hat die Aufgabe, einen Rahmen für individuelle und gemeinschaftliche Selbstbestimmung zu bieten, sich aber nicht direkt in das Leben der Bürger einzumischen. „Demokratie funktioniert am besten, wenn Männer und Frauen mit der Hilfe ihrer Freunde und Nachbarn Dinge selbst tun, statt vom Staat abhängig zu sein", schreibt Christopher Lasch.[68] Für den Staat bedeutet dies, dass er sich nicht der Gemeinschaftsfunktionen wie Erziehung, Unterstützung und Kontrolle bemächtigt. Stattdessen sollte er das Gemeinschaftsleben fördern, indem er Gemeingüter zur Verfügung stellt. Gemeingüter sind Orte des sozialen Lebens und schaffen Zusammenhalt in der Gesellschaft: Schulen, Parks, Freibäder, Spielplätze, ÖPNV, Krankenhäuser, Vereine, Sozialleistungen, Wohnbaugenossenschaften etc. Diese sind auch deshalb so wichtig, weil es Orte sind, an denen Menschen sich als Gleiche begegnen. Es können auch privat betriebene Kneipen, Cafés usw. sein, die ggf. einen gewissen Schutz vor dem Druck des Marktes benötigen, um zu überleben. Der Stadtsoziologe Ray Oldenburg bezeichnet solche Orte mit großer Bedeutung für die öffentliche Debatte, ohne die eine Demokratie nicht gedeihen kann, als „third places" (nicht Arbeitsplatz und auch nicht Zuhause). Er beklagt eine Entwicklung, die auch der Demokratie abträglich ist: „Seitdem die zusammenschweißende Wirkung des Zweiten Weltkriegs Geschichte ist, entfernen sich die Amerikaner immer weiter voneinander. Die Lebensstile werden zunehmend

---

68 Lasch, s. Anm. 38, S. 7–8.

privatisierter und wettbewerbsorientierter; Wohngebiete verzichten zunehmend auf Orte für Zusammenkünfte. In dem Maße, in dem wir es uns leisten können, vermeiden wir öffentliche Parks, öffentliche Spielplätze, öffentliche Schulen und öffentliche Verkehrsmittel."[69]

Die Erinnerung an ein populäres Lied von Peter Alexander aus dem Jahr 1976 (niederländisches Original von Vader Abraham) ist vielleicht nostalgisch. Aber nicht unbedingt irrelevant, wenn man sich Gedanken über Demokratie und ihre Existenzbedingungen macht:

„Die kleine Kneipe in unserer Straße, / Da wo das Leben noch lebenswert ist, / Dort in der Kneipe in unserer Straße, / Da fragt dich keiner, was du hast oder bist./ Man redet sich heiß und spricht sich von der Seele, / Was einem die Laune vergällt./ Bei Korn und bei Bier findet mancher die Lösung / Für alle Probleme der Welt."[70]

Der „Stammtisch" gilt in besseren Kreisen als Synonym für politische Diskussionen auf unterstem Niveau. Das mag im Einzelfall stimmen. Aber der Niedergang der Kneipenkultur ist für die Demokratie ein nicht zu unterschätzender Verlust. Er ist garantiert nicht durch Bürgerdialoge und dergleichen zu kompensieren. Man kann der Hoffnung sein, dass etwa die sozialen Medien einen gewissen Ersatz bieten. Angesichts der Fragmentierung in Echokammern und Filterblasen sind hier jedoch Zweifel angebracht.

---

[69] Ray Oldenburg: „Celebrating the Third Place: Inspiring Stories about the Great Good Places at the Heart of Our Communities", Da Capo Press 2009, Kindle Edition, Pos. 85.
[70] Peter Alexander: „Die kleine Kneipe", Songtexte.de.

Die Entmachtung
des Bürgers in der Konsum- und
Aushandelgesellschaft

In der Konsumgesellschaft kommt Schutz nicht zuletzt als Verbraucherschutz daher. Dieser ist inzwischen so stark von der Politik vereinnahmt, dass immer häufiger von Verbraucherpolitik die Rede ist. Auch das ist eine ungute Entwicklung. Hinter der Debatte um den „mündigen Verbraucher" steht die Idee vom „unmündigen Bürger". In perfider Weise wird der Bürger zum Verbraucher degradiert. An diesem wird dann demonstriert, dass er nicht weiß, was gut für ihn ist. Woraus folgt, dass Menschen, die noch nicht einmal gesunde Ernährung auf die Reihe bekommen, die politische Arena besser erst gar nicht betreten. Wer sogar vor Coca-Cola-Werbung geschützt werden muss, kann keinesfalls der politischen Propaganda (der falschen Parteien) ausgeliefert werden. Es wäre unvernünftig, ihm die Herrschaft im Staate zu übergeben. Es wäre also unvernünftig, eine echte Demokratie zu haben.

Der Politologe Herfried Münkler sieht in dieser veränderten Rolle des Bürgers als Konsumenten die jüngste Krise der Demokratie: „Der von der athenischen Demokratie als omnikompetent hypostasierte Bürger wird in den komplexen Systemen der modernen Demokratie schrittweise in einen Leistungskonsumenten des politischen Managements transformiert, der nur noch partiell aus seiner prinzipiell konsumtiven Rolle heraustreten und sich in Einzelfragen kompetent machen und engagieren kann. Das ist der Kern der aktuellen Probleme im Selbstverständnis der Demokratie oder, wenn man es dramatisieren will: die jüngste Krise der Demokratie."[71] Münkler unterscheidet egalitäre Dezision (Wahl) und inegalitäre Deliberation (Aushandlung). Er konstatiert eine „tektonische Verschiebung der politischen Strukturen: Government wird zu Governance. Während Government auf die Binarität von Regierung und Regierten abgestellt hat, ist Governance ein nicht zu sortierendes Amalgam von in unterschiedlicher Weise Beeinflussten und Beeinflussenden."[72] Mit anderen Worten: Die Herrschaft verschwimmt.

Da der Einzelne nicht mehr alles überblicken kann, wird er gewissermaßen entmachtet. Er kann noch wählen gehen, aber es macht keinen großen Unterschied, was er wählt. Das Sagen hat nun, so Münkler, eine „wachsende Anzahl der in Think Tanks, operativen Stiftungen und ähnlichem organisierten Politikberater bis zu den Nichtregierungsorganisationen, die sich einzelne Politikfelder ausgesucht haben und auf ihnen mit dem Anspruch moralischer Überlegenheit wie größerer Sachkompetenz auftreten." Im Unterschied zur politischen Elite im engeren Sinn, die im Akt der Wahl herauf- oder herabgestuft und mitunter gänzlich erledigt werden kann, sei diese Zwischenschicht der Experten und Gemeinwohlunternehmer keinerlei demokratischer Kontrolle unterworfen.[73]

Genau gegen diese Lobbyorganisationen richten sich heute populistische Strömungen von links und rechts. Die einen eher gegen „Agenten des Neoliberalismus" wie die Bertelsmann Stiftung, die anderen eher gegen „linksgrünversiffte" NGOs. Beides geschieht oft in ungeschickt aggressiver Art und Weise,

[71] Herfried Münkler: „Verkleinern und Entschleunigen oder die Partizipationsformen neu arrangieren?" in: Graf, s. Anm. 30, Pos. 1976.

[72] Ebd., Pos. 1965.

[73] Ebd., Pos. 1950.

beides ist aber vor dem Hintergrund der Entdemokratisierung dennoch nicht ohne Berechtigung. Das Gebot der Stunde sei in dieser Situation, die politische Urteilskraft der Menschen zu schulen. Münkler fordert mehr öffentliche Debatten „in Parteien, Salons, Gemeinderäten etc., damit eine größere Beteiligung des Volks am Deliberationsprozess möglich wird." Monothematische Bürgerinitiativen und NGOs seien keine Alternative und hätten „vielerorts zu einer Veränderung der politischen Kultur geführt, in deren Folge die bedingungslose Insistenz auf dem eigenen Willen stärker und die Fähigkeit zu strategischer Kompromissbildung geringer geworden ist."[74]

Politische Gleichheit und Mehrheitsentscheidung

Der Althistoriker Egon Flaig verweist auf ein anderes Problem der gewachsenen Macht der Lobbyorganisationen. Für ihn ist das A und O der Demokratie die Mehrheitsentscheidung. Und zwar aus einem einfachen Grund: Sie sei „das einzige Verfahren, in dem alle Entscheider – im Augenblick des Entscheidens – auf radikale Weise gleich sind." Und politische Gleichheit sei die „fundamentale Voraussetzung für Demokratie."[75] Wenn aber der politische Raum von partikularisierten Interessen dominiert werde, dann schrumpfe der Raum für dissentisches Entscheiden. Dann werde aus dem Entscheiden allmählich ein Verhandeln. Dann werde die demokratische Entscheidung ersetzt durch „Kompromisse, Tauschgeschäfte und vetomäßige Verschleppungen".[76]

---

[74] Ebd., Pos. 2015.
[75] Egon Flaig: „Wie entscheidungsfähig sind Demokratien? Historische Rückbesinnung auf Gemeinwohl und politische Kohäsion" in: Graf, s. Anm. 30, Pos. 2286.
[76] Ebd., Pos. 2276.

Nun kann man fragen, was so schlecht daran sein soll, wenn man etwas aushandelt und am Ende ein Kompromiss steht, mit dem alle leben können. Laut Flaig ist das Problem die Abwesenheit der Frage nach dem Gemeinwohl. Beim Geben und Nehmen zwischen verschiedenen Interessengruppen steht am Ende nicht eine Lösung, die dem Gemeinwohl am besten dient. Da kriegt am Ende der eine seine Mütterrente, weil er dem anderen seine Gendertoiletten zugesteht usw. Bei einem Tauschhandel zwischen allerlei Interessenvertretern interessiert sich keiner dafür, was das gemeinsame Beste ist, die Frage stellt sich überhaupt nicht. Wenn es dagegen darum geht, eine Entscheidungsvorlage zur Abstimmung für alle Bürger (oder alle vom Fraktionszwang befreiten Abgeordneten) vorzubereiten, muss man versuchen, einen Vorschlag zu erarbeiten, der maximale Zustimmung erreichen kann. Und das schafft man nur, wenn man das Thema vorher in der Öffentlichkeit gründlich diskutiert, um herauszufinden, was die Menschen darüber denken. In der Demokratie steht vor der Entscheidung nicht die Verhandlung, sondern die Diskussion.

Flaig unterscheidet in diesem Zusammenhang auch zwischen dem freien Untertan und dem freien Bürger. „Der freie Untertan ist bereit, die Rechtsordnung hinzunehmen und den Gesetzen zu gehorchen. Das genügt der individuellen Freiheit vollkommen, nicht aber der politischen." Der freie Bürger „befürwortet die Grundsätze des politischen Zusammenlebens, er nimmt Rücksicht auf das Gemeinwohl, [sic] und vermag daher verantwortlich einzustehen für die Lasten, die gemeinsam zu tragen sind." Kurz: Bürger ist man erst, wenn man auch das Ziel verfolgt, das Gemeinwohl zu fördern.

Flaig unterscheidet weiter zwischen apriorischem Gemeinwohl, das die „Wissenden" ermächtigt, über die „Nichtwissenden" zu herrschen bzw. sie zur rechten Einsicht zu führen, und einem „autonom legitimierten" Gemeinwohl, das sich erst aus der offenen Debatte ergibt und durch Mehrheitsentscheidungen definiert wird.

Welche Rolle spielt dabei das Volk? Es entsteht als Gemeinschaft derer, die sich an der öffentlichen Debatte sowie Wahlen und Abstimmungen beteiligen. Diese Gemeinschaft ist im Gegensatz zum Tauschhandel der Interessengruppen für alle offen. Damit sie funktioniert, sind allerdings einige Voraussetzungen zu erfüllen. Die Debatte erfordert eine gewisse Homogenität im Sinne der Verständigungsfähigkeit. Sie verlangt eine gemeinsame gesprochene Sprache, ein Zugehörigkeitsgefühl und gemeinsame Werte des demokratischen Gemeinwesens wie Autonomie, Freiheit und Verantwortung, aber auch Pflichtgefühl oder Urteilskraft. Sie schafft diese Voraussetzungen aber auch selbst und ist in einer offenen Gesellschaft eine starke integrationsfördernde und gemeinschaftsbildende Institution. Sie leistet im positiven Sinne des Wortes die Verbürgerlichung der in sie eintretenden Individuen – seien es Heranwachsende, die die Mündigkeit erlangen, seien es Einwandernde, die die Sprache erwerben und Gepflogenheiten kennenlernen.

Allerdings gibt es auch Grenzen und die zeigen sich deutlich, wenn wir das Terrain des Nationalstaats verlassen. „Was die fehlende gemeinsame Sprache angeht", schreibt Flaig, „möge das Brüsseler Europaparlament mit seiner babylonischen Sprachverwirrung als abschreckendes Beispiel genügen. Dort alternieren das Radebrechen in Pidgin-Englisch mit Simultanübersetzungen, welche jedes Niveau unterbieten, weil die Dolmetscher Mühe haben, Redner zu verstehen, die sich keiner Syntax und keiner Artikulation mehr befleißigen, wohl wissend, dass die Anderssprachigen ohnehin der Stimme nicht folgen."

Der obsolete
kleine Mann

Die real existierende Demokratie lebt seit langem davon, dass der „freie Untertan" sich zurückhält und die Politiker machen lässt. Relativ verlässlicher Garant der Zurückhaltung sind vernünftige Jobs und steigender Lebensstandard. Beides ist in vielen westlichen Ländern heute nicht mehr gegeben. Und so weicht auch die Zurückhaltung. Und es wächst das Bedürfnis, sich einzumischen.

Wenn das Volk dann einmal auf die Straße geht, offenbart sich aus Sicht des Establishments die Inkompatibilität von Regierungselite und Demos. Das Handelsblatt hat einen solchen Moment eingefangen; der Frankreich-Korrespondent schreibt: „Was haben Frankreichs Premier Edouard Philippe und der zweifache frühere Champion Christophe Dettinger gemein? Beide sind Hünen von über 1,90 Meter, und beide boxen gerne. Da enden die Gemeinsamkeiten. Denn der Premier übt ganz friedlich zu Hause mit Sandsack und Punching-Ball. Dettinger dagegen, der 37-jährige Ex-Profi im Halbschwergewicht, langt auch mal in der Öffentlichkeit zu: Am vergangenen Samstag schlug er während einer Gelbwesten-Demo auf einer Brücke in Paris zwei Polizisten zusammen. Wie im Ring tänzelnd haute er ihnen immer wieder die Fäuste ins Gesicht, links-rechts, links-rechts. Seit Mitte November zündeln, plündern, prügeln Tausende Franzosen mit leuchtend gelben Jacken oder auch schwarz vermummt jeden Samstag in Paris und in anderen Großstädten."[77]

Da sind also zwei Männer. Der eine absolviert gesittet sein Körperertüchtigungsprogramm in einem zum Trainingsraum umgestalteten Zimmer seiner Villa, der andere pöbelt auf der Straße und greift Beamte an. Der eine verkörpert die Regierung, der andere das Volk. Welchem von beiden sollen wir vertrauen, wenn es um die Zukunft Frankreichs geht? Dem Publizisten und selbst ernannten Sprecher europäischer Patrioten Bernard-Henry Lévy würde die Antwort nicht schwerfallen. Er hat eine große Sorge: „Die Europäische Union wird überall kritisiert, angepöbelt, verraten." Er sieht die EU „angegriffen von den Propheten des Untergangs, die im Vollrausch ihrer Ressentiments ihre Stunde gekommen glauben."

Entsetzt beobachtet er die „Verachtung von Intelligenz und Kultur", die er in der Kritik an der EU durch populistische Strömungen erkennt.[78] Das geht so nicht. Lévy ist der Auffassung, dass das Volk, wenn nötig, einmal sagen darf, was es denkt, dann aber bitte wieder nach Hause gehen und die Klappe halten soll. Über die Gelbwesten sagte er schon wenige Wochen nach Beginn der Proteste: „Ziel jeder sozialen Bewegung ist es, gehört zu werden. Das haben die Gelbwesten erreicht. Jeder, der jetzt weiter demonstriert, sprengt den Rechtsrahmen der Republik, ganz gleich wie berechtigt seine Forderungen sind."[79]

[77] Thomas Hanke: „Anhaltende Gelbwesten-Proteste – nun will Macron das Volk zu Wort kommen lassen", Handelsblatt online, 12.01.2019.
[78] Bernard-Henri Lévy: „Das Haus Europa brennt – Manifest europäischer Patrioten", Welt online, 25.01.2019.
[79] Martina Meister: „In Europa kommen die Diktatoren aus den Wahlurnen", Welt online, 17.01.2019.

Wir können heute beobachten, wie die Klassentrennung zu kultureller Trennung mit moralischer Delegitimierung der unteren Schichten umgedeutet wird. Ein interessantes Phänomen ist, dass zunehmend auch Teile der Mittelschicht als störend empfunden werden. Das geschieht immer dann, wenn sie die Vorstellungen über den richtigen Lebensstil nicht teilen und es beispielsweise an Begeisterung für Vegetarismus, Homoehe, Frauenquote oder Fahrverbote fehlen lassen. Das ist ein Problem, da das politische Establishment sich grundsätzlich in der Mitte der Gesellschaft verortet, und das ist nicht zuletzt auch sozioökonomisch gemeint.

So setzt sich mehr und mehr eine politisch-kulturelle Lesart für die Definition der Mitte der Gesellschaft durch. Wir beobachten eine Entwertung der (unteren) Mittelschicht. Die politische Definition der Mitte ersetzt die reale gesellschaftliche Mitte bzw. steht in Konkurrenz zu dieser. Was früher als Stimme aus der Mitte der Gesellschaft gelten durfte, wird heute zur randständigen Meinung, wenn es nicht mit der geforderten Haltung in Übereinstimmung ist, die von der neuen Mitte ausgedrückt wird. Eine wichtige Rolle spielt auch die zunehmende Akademisierung. Die Hochschulbildung ist zum entscheidenden Trennkriterium in der sich herausbildenden Zweischichtengesellschaft geworden. Doch diese Strategie hat ihre Grenzen. Denn die Akademisierung führt unweigerlich zu einer Entwertung der erworbenen Bildungsabschlüsse. Immer mehr Menschen sind für ihre Jobs überqualifiziert. Der Bildungsaufstieg führt nicht mehr notwendig zum ökonomischen Aufstieg. Der soziale Effekt besteht dann nur noch in einer kulturellen Entfremdung von der Arbeiterklasse. So wird ein Aufstieg vorgegaukelt. Man wird zwar aufgenommen in die neue „Mitte der Gesellschaft". Die ökonomische Schwäche bleibt jedoch bestehen.

Damit einher geht auch eine lebensweltliche und ökonomische Separierung. Der kleine Mann wird nicht mehr wirklich gebraucht und ist deshalb auch nicht mehr Leitfigur einer (sozialdemokratischen) Politik. Der französische Geograph und Autor Christophe Guilluy analysiert die gewachsene Diskrepanz zwischen urbanem Kosmopolitismus und der Situation in der Peripherie, die Ende 2018 zu den Protesten der sogenannten Gelbwesten führte: „Technisch gesehen funktioniert unser globalisiertes Wirtschaftsmodell gut. Es bringt viel Reichtum hervor. Aber es braucht nicht die Mehrheit der Bevölkerung, um zu funktionieren. Es hat keinen wirklichen Bedarf an Handwerkern, Werktätigen und sogar Kleinunternehmern außerhalb der Großstädte. Paris schafft genug Reichtum für ganz Frankreich, und London tut dasselbe in Großbritannien. Aber man kann keine Gesellschaft darauf aufbauen. Die Gelbwesten sind eine Revolte der Arbeiterklasse, die an diesen Orten lebt." Er verweist zudem auf die kulturelle Kluft zwischen Establishment und Arbeiterklasse.

Diese zeige sich unter anderem darin, dass viele neue soziale Bewegungen und Proteste schnell von Prominenten, Schauspielern, Medien und Intellektuellen unterstützt würden. Aber keiner von ihnen billige die Gelbwesten. Ihr Auftauchen habe im kulturellen Establishment eine Art psychologischen Schock ausgelöst. Es sei genau der gleiche Schock, den die britische Elite mit der Brexit-Abstimmung erlebt habe. Französische Arbeiter sind für die städtischen Eliten Fremde, mit denen sie nichts anzufangen wissen. Das Personal ihrer Welt setzt sich anders zusammen. „Auch die Städte selbst sind sehr ungleich geworden", schreibt Guilluy. „Die Pariser Wirtschaft braucht Führungskräfte und qualifizierte Fachkräfte. Sie braucht auch Arbeitskräfte, vor allem Einwanderer, für die Bauindustrie und die Gastronomie etc. Das Geschäft stützt sich auf diesen sehr spezifischen demografischen Mix. Das Problem ist, dass 'die Menschen' außerhalb davon immer noch existieren."[80]

Guilluy beobachtet einen Exodus der einheimischen unteren Mittelschicht und Unterschicht in europäischen Metropolen, die teurer werden und deren bezahlbare Viertel von Immigranten besetzt werden. Besonders deutlich zeigt sich das in London, wo Briten europäischer Herkunft inzwischen zur Minderheit geworden sind (45 Prozent der Gesamtbevölkerung im Jahr 2011, 58 Prozent waren es noch zehn Jahre zuvor).

Der neue Klerus

Joel Kotkin beschreibt die Situation aus amerikanischer Perspektive. Er identifiziert zwei neue Klassen: eine neue Plutokratie (Geldherrschaft) des Silicon Valley und einen neuen Klerus in Gestalt weltlicher Volkserzieher. Wichtig ist, wie sich der neue Reichtum vom alten unterscheidet. Kotkin schreibt: „Die alte Plutokratie – die Ölbarone, die Chefs der großen Produktionsfirmen, die Eigentümer der großen Versorgungsunternehmen – mag in vielen ihrer Ansichten reaktionär gewesen sein, aber ihre Geschäfte waren stark von den Menschen aus der Mittelschicht und Arbeiterklasse abhängig, sowohl als Angestellte als auch als Verbraucher." Die neuen Oligarchen seien zwar auch vom Massenkonsum abhängig, verdienten ihr Geld aber vor allem mit immateriellen Gütern wie Medien, Werbung und Unterhaltung. Sie

---

[80] „The gilets jaunes are unstoppable'", (Interview mit Christophe Guilluy), Spiked, 11.01.2019.

seien damit weniger abhängig von billiger Energie, da ihre Produkte entweder Software sind oder im Ausland produziert werden. Sie brauchen auch keine große und blühende Mittelschicht. Für die neuen Oligarchen sei breiter Wohlstand keine Voraussetzung mehr. Es bestehe keine Notwendigkeit für Einkommen, die es erlauben, ein Haus oder ein Auto oder eine Einbauküche zu kaufen. Auch ein junger Mensch, der in Teilzeit als Barista oder Parkplatzwächter arbeite, könne sich das neueste Smartphone, das neueste Videospiel oder in Zukunft ein Gerät leisten, um sich in der virtuellen Realität zu verlieren. Zudem unterscheide sich auch die Rolle der Arbeiterschaft für die Tech-Oligarchen deutlich von der für traditionellere Branchen. Denn in den meisten Fällen beschäftigen diese Industrien relativ wenige Amerikaner, und diejenigen, die für ihre Geschäftstätigkeit entscheidend sind, stammen weitgehend aus den Reihen der sehr gut ausgebildeten Menschen.[81] Kurz: Früher war der kleine Mann für die Mächtigen sowohl als Konsument als auch als Arbeitskraft wichtig. Heute ist er es nicht mehr.

Diese spezifische Art der Unabhängigkeit der Reichen von der Kaufkraft der Ärmeren zeigt sich auch in den Statistiken. Für die USA konstatiert Yascha Mounk, Politikwissenschaftler an der Harvard University: „Es ist für mich schon erstaunlich, dass in den USA zum Beispiel von 1935 bis 1960 der Lebensstandard eines durchschnittlichen Bürgers sich verdoppelt hat, von 1960 – 1985 [sic] sich wieder verdoppelt hat, und er seit 1985 stabil auf demselben Niveau ist. Es war mal so, dass nur zehn Prozent der US-Amerikaner weniger

---

[81] Joel Kotkin: „The New Class Conflict", Telos Press Publishing 2014, Kindle Edition, Pos. 283.

verdient haben als ihre Eltern, mittlerweile sind es 50 Prozent."[82]

Für die Demokratie ist diese Stagnation nicht gut. Sie fördert den Fatalismus und der ist der Feind der Demokratie. Fatalismus entsteht vor allem, wenn man keine reelle Chance sieht, sein Leben (oder die Gesellschaft) materiell zu verbessern. Er wird durch stagnierende Wirtschaft und alternativlose Politik befördert.

In den USA hat sich mit den neuen Superreichen zudem die politische Landschaft verändert. In der Obama-Ära sind die Demokraten zur Partei der Superreichen geworden. In praktisch allen Millionärswahlkreisen hat er gewonnen und oft mit großem Vorsprung. Die enge Verbindung zeigt sich auch darin, dass kurz nach der Amtsübernahme von Donald Trump allein bei Google 300 Leute arbeiteten, die zuvor für die Obama-Administration tätig waren.[83]

Kotkin beschreibt auch treffend die innige Verbindung von neuer Plutokratie und Ökobürgertum: „Der vielleicht größte Unterschied zwischen den herrschenden Klassen des 19. Jahrhunderts und denen des 21. Jahrhunderts zeigt sich in der Einstellung zum wirtschaftlichen Fortschritt. Die alte Plutokratie – nicht zuletzt Energie, Industrie, Landwirtschaft und Baubranche – unterstützte und ermutigte den wirtschaftlichen Fortschritt der unteren Schichten, die auch ihre Kunden waren. […] Bei all seinen ökologischen und sozialen Defiziten hat das alte Wirtschaftssystem Wachstum und Aufwärtsmobilität in den Vordergrund gestellt. Im Gegensatz dazu konzentriert sich die neue Wirtschaftsordnung mehr

---

[82] Barbara Weber: „Erfolgsmodell Demokratie. Eine Staatsform in der Krise", Deutschlandfunk online, 27.12.2018.

[83] Fred Siegel: „The revolt against the masses", Spiked, 02.02.2018.

auf den Begriff der ‚Nachhaltigkeit', der die feudale Weltanschauung widerspiegelt."[84]

Dieser neue Feudalismus basiert auf der Überzeugung, dass aus ökologischen Gründen ein aufwändiger Lebensstil nur einer Minderheit vorbehalten sein darf. Den meisten mag es nicht bewusst sein, aber der Verbal- und Lifestyle-Ökologismus dient vor allem dazu, die Privilegien der Reichen, Schönen und Wichtigen zu wahren und die wirtschaftliche Stagnation moralisch zu legitimieren.

Die oberen
20 Prozent

Etwa ein knappes Viertel der Bevölkerung bildet heute in vielen westlichen Gesellschaften die staatstragende Klasse. Die restlichen drei Viertel müssen einigermaßen bei Laune gehalten oder eben ignoriert werden. Der Philosoph Guillaume Paoli erkennt genau dieses Verhältnis in Frankreich: „Glaubt man den Umfragen, ist Frankreich eine stabile Dreiviertel-Gesellschaft: 75 Prozent der Franzosen/Französinnen waren gegen Hollandes Politik, 75 Prozent haben nicht Macron gewählt und mindestens so viele hegen heute Sympathie für die Gelbwesten. Doch von keiner parlamentarischen Opposition gefährdet, benimmt sich der Präsident so monarchisch, wie es die Verfassung erlaubt."[85]

Die Beratungsfirma Edelman erstellt jedes Jahr ein sogenanntes Trust-Barometer. Hierfür werden weltweit Menschen befragt und dafür grundsätzlich zwei Gruppen

[84] Kotkin, s. Anm. 81, Pos. 373.
[85] Guillaume Paoli: „Gelbwesten sehen rot: Der Benzinpreis war nur der Auslöser", mosaik, 04.12.2018.

unterschieden: die sogenannte „informierte Öffentlichkeit", die 16 Prozent der Bevölkerung ausmacht, einen College-Abschluss vorweisen kann, beim Haushaltseinkommen im oberen Viertel liegt und sich nach eigenen Angaben ausgiebig mit wirtschaftlichen und politischen Fragen beschäftigt, und die sogenannte „Massenbevölkerung", also die 84 Prozent, die nicht zur „informierten Öffentlichkeit" zählen. Im Trust-Barometer 2019 erreichte die informierte Öffentlichkeit weltweit beim Vertrauen in gesellschaftliche Institutionen einen Rekordwert von 65 Prozent und lag damit 18 Prozent höher als die Masse. Am größten war die Differenz mit 24 Prozentpunkten in Großbritannien, auch Deutschland lag mit 18 Prozentpunkten relativ hoch.[86]

Ralf Dahrendorf spricht von einer zahlenmäßig kleinen „globalen Klasse" von Menschen, die sich indifferent, wenn nicht sogar unduldsam gegenüber dem nationalen demokratischen Prozess verhalten und kulturelle Hegemonie ausüben. Nicht mehr als ein Prozent der Menschen gehörten dieser Klasse an, doch in den wirtschaftlich hoch entwickelten Ländern lebten heute 20 Prozent der Bevölkerung „im Schatten dieser Klasse". Menschen, die von dieser kleinen Gruppe abhängig sind, sich an ihr orientieren und danach strebten, Teil davon zu werden.[87] Er konstatiert ein meritokratisches Klassenbewusstsein und eine Weltsicht, die durch Auslassung des Nationalen gekennzeichnet ist: „Alles, was ‚global' ist, erscheint ihr als gut. Was sie aber entschieden ablehnt, ist die nationale Dimension. Mit der ‚lokalen' Dimension dagegen scheint sie in Frieden zu leben. [...] Sie teilt die Liebe zur Natur [...], sie teilt die Vorliebe für biologische

86 „2019 Edelman Trust Barometer. Executive Summary", Edelman online.
87 Dahrendorf, s. Anm. 53, S. 25.

Nahrungsmittel [...]. Was sie dagegen als eine schlimme und anachronistische Behinderung ansieht, sind nationale Regierungen und ihre Gesetze. In diesem Sinn hat sie eine natürliche Tendenz, sich über Entscheidungen hinwegzusetzen, die auf der Ebene der traditionellen Institutionen der Demokratie getroffen werden."[88]

Eine ähnliche Charakterisierung findet sich bei Christopher Lasch, der schreibt, eine „Aristokratie von Talenten" erscheine oberflächlich gesehen als attraktives Ideal, das Demokratien von Gesellschaften unterscheide, die auf erblichen Privilegien beruhen. Tatsächlich sei diese neue Elite jedoch noch schlimmer als die alte: „Die Talentierten behalten viele der Laster der Aristokratie ohne ihre Tugenden. Ihrem Snobismus fehlt jede Anerkennung der gegenseitigen Verpflichtungen zwischen den wenigen Begünstigten und der Masse."[89]

Zu den 20 Prozent zählen durchaus auch Teile des politischen Apparats. Der bulgarische Politologe Ivan Krastev spricht davon, „dass wir heute in Europa nicht bloß einen populistischen Aufstand gegen das Establishment erleben, sondern eine Rebellion der Wähler gegen die meritokratischen Eliten (am besten symbolisiert durch die hart arbeitenden und kompetenten Beamten in Brüssel, die dennoch den Kontakt zu den Gesellschaften verloren haben, die sie eigentlich repräsentieren und denen sie dienen sollten)."[90]

---

[88] Ebd., S. 23.

[89] Lasch, s. Anm. 38, S. 4445.

[90] Ivan Krastev: „Europadämmerung: Ein Essay", Suhrkamp Verlag 2017. Kindle Version, Pos. 234.

Sozialer Aufstieg

Wichtig für die Idee der Meritokratie ist die Möglichkeit des sozialen Aufstiegs. Als moderne Variante der Aristokratie basiert sie zwar auf der Herrschaft einer Minderheit, aber sie ist darauf angewiesen, dass diese sich nicht als closed shop darstellt. Es muss immer genug Beispiele dafür geben, dass jeder, der das Zeug dazu hat, in die Elite aufsteigen kann. Vielen Menschen leuchtet ein solches System ein. Und deshalb erscheint die Meritokratisierung des Staates auf den ersten Blick als gute Sache. Doch man muss sich die Konsequenzen bewusst machen. Christopher Lasch bezeichnet die Meritokratie als „Parodie der Demokratie". Soziale Mobilität unterminiere nicht den Einfluss der Eliten. Sie helfe vielmehr, ihn zu stabilisieren und die Illusion aufrecht zu erhalten, er basiere ausschließlich auf Verdienst.[91] Der gesellschaftliche Aufstieg durch Leistung hat aus Sicht der Eliten auch den großen Vorteil, dass besonders intelligente und eloquente Menschen mit Führungsqualitäten gefährlich werden können, wenn sie sich in Gewerkschaften oder Protestbewegungen engagieren. Als Arzt, Unternehmensberater oder EU-Bürokrat ist das Risiko, dass sie Ärger machen, deutlich geringer. „Der beste Weg, die Opposition zu besiegen, besteht darin, sich der besten Kinder der Unterschicht anzunehmen und sie zu erziehen, während sie noch jung sind", schreibt auch Michael Young in seiner Satire „Rise of the Meritocracy" von 1958.[92] In einem Beitrag für den Guardian konstatierte Young im Jahr 2001 wenige Monate vor seinem Tod: „Es ist vernünftig, dass Personen Jobs aufgrund

---

91 Lasch, s. Anm. 38, S. 41.
92 zit. n. Lasch, s. Anm. 38, S. 43.

ihrer Leistungen bekommen. Es ist das Gegenteil, wenn diejenigen, denen Verdienste bestimmter Art zugesprochen werden, sich in eine neue soziale Klasse verhärten, ohne Raum für andere darin zu haben." Er konstatiert, dass sich heute Fähigkeiten, die sich früher über die Klassen hinweg auf Menschen verteilt haben, in einer Klasse konzentrieren. Mit einer ganzen Batterie von Abschlüssen und Zertifikaten würde heute einer Minderheit die besondere Befähigung erteilt und einer Mehrheit abgesprochen. Wir hätten die Tendenz bei den oberen 20 Prozent, einen Großteil der Bevölkerung in Abstufungen als „bildungsferne Schichten" zu betrachten und den Menschen, wiederum in Abstufungen, die Legitimation zur Teilnahme am demokratischen Prozess abzusprechen. Durch die Bildungsauslese, so Young, wurden der Arbeiterklasse ihre „natürlichen Anführer" entzogen, indem diesen der Aufstieg in die meritokratische Klasse ermöglicht wurde. Die so führerlosen Massen würden sich immer weniger am politischen Prozess beteiligen, viele von ihnen gingen schon lange nicht mehr zur Wahl. Denn es seien keine von den „eigenen Leuten" mehr da, die man wählen könnte.

Ausgebildete
Regenten

Auch die Politik ist von der Idee der Meritokratie geprägt. Und die steht im Gegensatz zu der der Repräsentation. Immer weniger betrachten sich Politiker als Repräsentanten des Volkes, immer häufiger als ausgebildete Regenten, die durch Studium, Praktika und Referententätigkeit alle notwendigen Kompetenzen für eine „verdiente" politische Karriere erworben haben. Es gibt bekanntlich mittlerweile sogar Regierungsschulen. „Governance-Schools stellen eine Mischung aus Regierungs- und Verwaltungsakademie dar, aus Diplomatenschmiede, gesellschaftlichem Thinktank und Weltverbesserungsagentur", formuliert ein Journalist für Die Zeit.[93] Das trifft es ganz gut. Weltverbesserung ist zur Aufgabe gut ausgebildeter Mitarbeiter in entsprechenden Agenturen staatlicher und nichtstaatlicher Art geworden. Und es ist ein Gegenentwurf zur Demokratie.

Deutlich macht die heutige Aristokratie auch, dass sie das Geschäft des Regierens nicht gewählten Regierungen überlassen will. „Wir glauben an gutes Regieren", wird Henrik Enderlein, Vizerektor der Hertie-School of Governance, in dem Artikel zitiert. „Aber wir glauben nicht, dass ausschließlich der Staat dazu in der Lage ist. Die Frage, wie man das öffentliche Gut entwickeln kann, lässt sich auch in anderen Feldern bearbeiten."

Es geht also um die Herausbildung einer durch Qualifikation legitimierten herrschenden Schicht, die in allen Bereichen der Gesellschaft beansprucht, das Sagen zu haben. Diese neue Aristokratie ist größer als die früherer Jahrhunderte. Dass sich auch die Politik in unseren Demokratien sehr stark an dieser oberen Schicht orientiert und ihre Interessen vertritt, ist empirisch gut belegt. Die sogenannte Responsivitätsforschung untersucht, ob politische Entscheidungen mit dem Willen der Bürger übereinstimmen. Und, wenn ja, wessen Meinungen umgesetzt werden. Dabei zeigt sich in den USA eine deutlich selektive Responsivität der Politik zulasten der Armen. Forscher vom Max-Planck-Institut für Gesellschaftsforschung und der Universität Osnabrück

---

[93] Kilian Kirchgeßner: „Governance-Schools: Lizenz zum Weltverbessern", Zeit online, 16.12.2010.

untersuchten erstmals, ob in Deutschland ähnliche Muster wie in den USA festzustellen sind. Dazu werteten sie 252 in den Deutschland-Trend-Umfragen gestellte Sachfragen für den Zeitraum von 1998 bis 2013 aus. Die Fragen bezogen sich auf zum Zeitpunkt der Erhebung diskutierte Politikänderungen und Reformen aus einem breiten Spektrum politisch relevanter Themen. Es zeigte sich ein deutlicher Zusammenhang zwischen den getroffenen politischen Entscheidungen und den Einstellungen von Personen mit höherem Einkommen, aber kein oder sogar ein negativer Zusammenhang für die Einkommensschwachen.[94]

Politik und Gesellschaft sind heute also klar durch ein Fünftel der Bevölkerung dominiert. In diese Schicht kann man zwar aufsteigen. Wer sich durch besondere Leistungen (nicht in erster Linie durch Geld!) auszeichnet und sich kulturell assimiliert, dem wird Einlass gewährt. Er muss dann aber auch sein Herkunftsmilieu hinter sich lassen. Denn wir beobachten gleichzeitig eine zunehmende Geschlossenheit der oberen 20 Prozent. Private und berufliche Kontakte beschränken sich weitgehend auf ihresgleichen. Insbesondere das Heiratsverhalten hat sich verändert. Während früher die Kombination Chef–Sekretärin oder Arzt–Krankenschwester gang und gebe war, herrscht heute das Muster Jurist–Juristin, Manager–Managerin etc. vor. Die unteren Schichten existieren für die oberen nur noch in Gestalt von Dienstboten (Personal Trainer, Masseur, Friseur, Dog Walker, Shopping Assistant, Gärtner, Kindermädchen, Putzfrau, Hotel- und Restaurantpersonal, Kosmetiker, Fußpfleger, Physiotherapeut etc.), nicht mehr als Verwandte, Parteigenossen oder Nachbarn.

94 Lea Elsässer et al.: „Dem Deutschen Volke'? Die ungleiche Responsivität des Bundestags" in: Zeitschrift für Politikwissenschaft 27/2017, S. 161–180.

Moralisierung und Entpolitisierung

Je mehr Dinge der breiten Debatte und demokratischen Entscheidung entzogen werden, desto schwächer die Demokratie. Die Entpolitisierung und damit Entdemokratisierung erfolgt vor allem dadurch, dass gesellschaftliche Gestaltungsaufgaben zu Sachfragen oder moralischen Fragen erklärt werden. Auf den ersten Blick scheinen sachliche und moralische Argumentation nicht besonders zusammenzupassen. Und doch haben sie es zu einer gut funktionierenden symbiotischen Koexistenz gebracht. Dabei verleihen Experten Moralisten Autorität und umgekehrt. Die Ernährungsforscher sagen, was gesund ist, und die Ernährungsapostel fordern, dass Fleisch teurer oder Zucker verboten werden soll. Die Klimaforscher prognostizieren eine Erwärmung, und die Klimaaktivisten fordern die Subventionierung von Elektroautos oder das Verbot von Inlandsflügen, usw. Natürlich muss Politik sowohl wissenschaftliche Expertise nutzen als auch moralische Ziele verfolgen. Aber sie muss beides in einen politischen Rahmen einbetten und der Versuchung sowohl des expertokratischen als auch des moralistischen Aktionismus widerstehen. Dieses Primat der Politik ist heute kaum mehr anzutreffen. Politiker schlingern zwischen den verschiedenen Lobbygruppen und deren zahllosen Statistiken und Empörungen haltlos umher.

Eine liberale Demokratie sollte generell als moralminimalistischer Rechtsstaat angelegt sein. In dem können die Bürger nach Gutdünken agieren, solange sie sich an den gesetzlich gegebenen Ordnungsrahmen halten. „Machtphantasien der konsequenten Steuerung gesellschaftlicher Tauschprozesse und Interessenkonflikte liegen diesem Staat fern. Er will durch die von ihm garantierte Herrschaft des Rechts allein dafür sorgen, dass es in der Gesellschaft, bei aller legitimen Vielfalt, Konkurrenz und Interessengegensätzlichkeit, zivil, also rechtlich geordnet zugeht", beschreibt der Theologe Friedrich Wilhelm Graf dieses Modell und zitiert aus Hölderlins „Hyperion", worin das Problem des Gegenmodells in Gestalt des sozialen Sittenstaats liegt: „Beim Himmel! Der weiß nicht, was er sündigt, der den Staat zur Sittenschule machen will. Immerhin hat das den Staat zur Hölle gemacht, dass ihn der Mensch zu seinem Himmel machen wollte."[95]

Herfried Münkler sieht die unaufhaltsam um sich greifende Moralisierung politischer Sachverhalte als Folge des Verlusts an politischer Kompetenz. Moral sei die „Inkompetenzkompensationskompetenz einer Gesellschaft, die gern mitreden will, in der sich aber zunehmend weniger Menschen die Mühe machen, Sachverstand und Urteilskraft zu erwerben."[96]

Nicht zuletzt dient Moralisierung zur Einschränkung der Meinungsfreiheit. „Die Einschüchterung, etwas möglicherweise Unerhörtes oder in gewissen Kreisen Ungehöriges zu sagen, ist tödlich für eine lebendige Demokratie."[97]

Meinungsfreiheit und
Meinungsvielfalt

Die moralische Empörung hat vor allem die Funktion, die Debatte einzuschränken. Kritiker der Energiewende werden

---

[95] Graf, s. Anm. 30, Pos. 530.
[96] Münkler, s. Anm. 71, Pos. 2025.
[97] Dreier, s. Anm. 30, Pos. 1048.

als Klimaleugner gebrandmarkt, Kritiker der Einwanderungspolitik als xenophob, Kritiker einer Frauenquote in Aufsichtsräten als sexistisch, Kritiker der EU als europafeindlich, Kritiker des Islams als islamophob usw. Und Fürsprecher der freien Rede als Nazis – weil sie selbstverständlich auch deren Recht auf freie Meinungsäußerung verteidigen. All das ist schlecht für die Demokratie.

In einer funktionierenden Demokratie ist der Kampf um die öffentliche Meinung der zentrale Mechanismus. Meinungsfreiheit ist damit die Basis für Demokratie. Der demokratische Staat muss so organisiert sein, dass sich der Souverän (das Volk) eine Meinung und einen Willen zu allen gesellschaftlichen Fragen bilden kann. Der Souverän hat das Recht, jede Meinung zu hören. Parteien und Medien haben eine wichtige Rolle. Meinungsvielfalt muss gefördert, nicht bekämpft werden. Heute wird sie vielfach als Bedrohung dargestellt. Jede Form von Pluralismus wird gefeiert, nur nicht der Meinungspluralismus.

Neben den Moralisten tragen auch die Experten ihren Teil bei. Im expertokratischen Diskurs beobachten wir einen Informationsfetischismus und eine Debattenphobie. Das Lebenselexier der Demokratie ist aber die Debatte, die kontroverse Diskussion, nicht die Information. Christopher Lasch beschreibt das Verhältnis der beiden treffend: „Was die Demokratie braucht, ist eine lebhafte öffentliche Debatte, nicht Information. Natürlich braucht sie auch Informationen, aber die Art der Informationen, die sie benötigt, kann nur durch Debatten erzeugt werden. Wir wissen nicht, was wir wissen müssen, bis wir die richtigen Fragen gestellt haben, und wir können die richtigen Fragen nur dann identifizieren, wenn wir unsere eigenen Vorstellungen von der Welt dem Test der öffentlichen Kontroverse stellen. Informationen, die üblicherweise als

Voraussetzung für eine Debatte angesehen werden, sollten besser als ihr Nebenprodukt verstanden werden. Wenn wir in eine kontroverse Diskussion geraten, die uns wirklich beschäftigt, dann werden wir zu begeisterten Suchenden nach relevanten Informationen. Andernfalls nehmen wir Informationen passiv auf – wenn wir sie überhaupt aufnehmen."[98]

Die öffentliche Debatte, auf allen Ebenen, ist der Gegenentwurf zur Expertokratie. Die absurde Fake-News-Panik der letzten Jahre ist ein Auswuchs der Expertokratie, die in mehr oder weniger guter Absicht immer nur darauf zielt, die Menschen kontrolliert zu informieren, statt das diskursive Getümmel zuzulassen, in dem es darum geht, sich selbst zu informieren und andere zu überzeugen. Wer den freien Fluss von Information, Fehlinformation, strittiger Information und Desinformation kontrollieren und steuern will, ist kein Demokrat.

Der Kern der Demokratie besteht darin, dass jeder die Möglichkeit hat, sich an der Diskussion politischer Fragen zu beteiligen, sich frei eine Meinung zu bilden, sich überzeugen zu lassen und andere zu überzeugen. Dazu gehört auch das uneingeschränkte Recht, jede Meinung hören zu dürfen.

Der Widersinn der Expertokratie zeigt sich darin, dass die Wissenschaft selbst frei von Expertenherrschaft und eine permanente Kontroverse ist, bei der es stets darum geht, herrschendes Wissen herauszufordern und durch neue Erkenntnisse zu widerlegen, zu modifizieren, zu relativieren oder zu ergänzen. Die Politik kann also durchaus etwas von der Wissenschaft lernen: nämlich die Kunst des Infragestellens.

---

98 Lasch, s. Anm. 38, S.162–163.

**KURZE GESCHICHTE DER DEMOKRATIE
UND IHRER FEINDE**

Die Geschichte der Demokratie ist bis heute vor allem die Geschichte eines unerfüllten Versprechens. Seit dem ersten demokratischen Experiment in Athen vor 2500 Jahren über die Amerikanische und Französische Revolution bis zu den aktuellen Revolten gegen die technokratische Ordnung in der westlichen Welt provoziert jeder Versuch, politische Macht auf breitere Bevölkerungsschichten auszuweiten, heftige Gegenreaktionen der jeweils herrschenden Eliten. Dabei haben die Anhänger der Demokratie trotz aller Fortschritte im Laufe der Geschichte mehr Niederlagen erlitten, als sie Siege feiern konnten.

Wenn wir zurückblicken auf die europäische Geschichte, so fällt vor allem auf, wie kurz die Perioden, in denen überhaupt von einer demokratischen Regierungsform gesprochen werden kann, waren. Erst im 20. Jahrhundert wurde das allgemeine Wahlrecht, auch für Frauen, eingeführt. Nach dem Ende der Athener Demokratie sollte es über 2000 Jahre dauern, bis die Idee der Herrschaft des Volkes durch das Volk in Renaissance und Aufklärung wieder auf die Tagesordnung gelangte. Doch auch in dieser Zeit musste jeder Schritt hin zu mehr Demokratie hart erstritten werden. Die Forderung nach Demokratie stieß von Anfang an auf den erbitterten Widerstand jener, die Angst vor einem zu großen Einfluss „der Massen" hatten. Diese Furcht vor zu viel Volkssouveränität bestimmt – trotz aller Fortschritte und der Ausbreitung der liberalen Demokratie über den Globus – die politische Debatte bis heute.

Das Athener Experiment

Schnell nachdem die Demokratie im antiken Athen das Licht der Welt erblickte, begann, angefangen mit Denkern wie Platon und Aristoteles, die Geschichte des antidemokratischen Ressentiments. In den Worten des britischen Politikwissenschaftlers J. S. McClelland: „Man könnte beinahe sagen, die politische Theorie wurde erfunden, um zu zeigen, dass die Demokratie, die Selbstherrschaft der Menschen, zwangsläufig zur Herrschaft des Mobs wird."[1] Seitdem wurde durch die Zeiten hindurch beträchtliche intellektuelle Energie auf die Frage verwandt, wie man den Einfluss einfacher Menschen auf den politischen Willensbildungsprozess im Staat beschränken kann. Im Wesentlichen haben sich die Argumente von damals bis heute nicht geändert: „Die Vielen", wie es bei Platon hieß, bedürfen der Führung durch „die Wenigen", weil sie zu dumm, zu irrational und zu leicht manipulierbar seien. An anderer Stelle spricht er von zu viel Freiheit, die dazu führe, dass bald auch die Esel und Pferde sich daran gewöhnen würden, um „in gar freier und stolzer Weise einherzuschreiten, und auf der Straße gegen jeden, der ihnen begegnet, ausschlagen, wenn er im Weg stehe."[2] Ohne die Herrschaft einer weisen Elite, bei Platon waren das die berühmten „Philosophenkönige", heute denkt man eher an nicht durch demokratische Wahlen legitimierte EU-Kommissare, Zentralbanker, Expertenkommissionen oder Verfassungsrichter, drohen das Chaos, Tyrannei und Rechtlosigkeit der „Pöbelherrschaft".

Das böse D-Wort – „demos" = Volk und „kratein" = herrschen – wurde in Athen zunächst von Gegnern der Volksherrschaft als Schimpfwort gegen diejenigen verwandt, die sich für einen größeren Einfluss einfacher Menschen in der Politik stark machen. Demokratie war für die herrschende

[1] J.S. McClelland: „The Crowd and the Mob: From Plato to Canetti", Routledge 2011.
[2] Platon: „Der Staat", Kindle Edition: Pos. 5640.

Klasse Athens ein Synonym für Pöbelherrschaft und sollte es für viele Jahrhunderte für die Herrschenden überall auf der Welt bleiben. Bis heute wirkt dieses Vorurteil der Athener Oligarchie in unserem Sprachgebrauch nach. Politische Wortführer des einfachen Volkes wurden in abwertender Absicht als „Demagogen", also als „Führer des Demos", bezeichnet – eine Beleidigung, die heute immer noch Hetzer beschreibt, die einen leichtgläubigen Mob in die Irre führen.

Aristoteles führte den zersetzenden Einfluss der „Demagogen" als wichtiges Argument gegen die Volksherrschaft ins Feld. Da die ungebildeten Massen zu leicht manipulierbar seien, erweise sich die Vorstellung echter Volksherrschaft als eine Illusion. Vielmehr drohe die Gefahr der „Tyrannei" durch die demagogisch aufgestachelten Massen, die keine höheren Autorität mehr über sich haben.[3] Diese vermeintliche Bedrohung durch das tyrannische Verhalten einer verblendeten Mehrheit dient bis heute als zentrale Rechtfertigung für antimajoritäre Politik und Institutionen.

Aristotles' Lehrer Platon sorgte sich zwar auch um die manipulierbaren Massen, stellte aber eher deren Dummheit ins Zentrum seiner Argumentation. Er hielt das Volk schlichtweg für intellektuell ungeeignet, die Geschicke eines Staatswesens selbst in die Hand zu nehmen. Die Regierung solle in den Händen von Experten ruhen. So lässt er seinen Sokrates ausführen, dass die athenische Volksversammlung bei technischen Angelegenheiten, wie etwa dem Schiffsbau, schließlich auch keine Nicht-Experten zu Rate ziehen würde. Wieso sollte man sich dann bei politischen Angelegenheiten auf das

---

[3] Melissa Lane: „Popular sovereignty as control of office-holders. Aristotle on Greek democracy" in: Richard Bourke / Quentin Skinner (Hg.): „Popular Sovereignty in Historical Perspective", Cambridge University Press, 2017, Kindle Position 1195.

Urteil von Menschen verlassen, denen es an Expertise fehlt? Es sei weltfremd anzunehmen, dass, „wenn es darum geht, etwas zu debattieren, das die Regierung des Landes betrifft, jeder zur Beratung befähigt sein soll, sei es ein Schmied, Bauarbeiter oder Schuhmacher, ein Händler oder Schiffsbesitzer, reich oder arm, aus gutem Hause oder aus gar keinem".[4]

Angesichts der elitären Ressentiments gegen das Urteilsvermögen einfacher Menschen, für die Platon und Aristoteles exemplarisch stehen, könnte es vielleicht überraschen, dass ausgerechnet jene 150 Jahre in der Geschichte Athens, vom sechsten bis ins vierte Jahrhundert v. Chr., in der die demokratischen Kräfte im zähen und kontinuierlichen Kampf mit der Oligarchie die Oberhand behalten konnten, auch als „Goldenes Zeitalter" der Stadt beschrieben werden. In jener Zeit hatten die Athener Bürger – Frauen, Sklaven und Fremde ausgeschlossen – nicht nur ein einfaches Mitspracherecht, sondern die unmittelbare politische Macht. Diese übten sie nicht wie heute indirekt über repräsentative Institutionen, sondern *direkt* in Volksversammlungen und Volksgerichten aus.

Zwar wurden in den demokratischen Institutionen Athens Entscheidungen getroffen, die mit unserem heutigen liberalen Demokratieverständnis nicht zusammengehen. So z.B. das tödliche Urteil des Scherbengerichts gegen den philosophischen Querkopf Sokrates wegen mangelnder Frömmigkeit oder die Praxis der Zensur von politischen Reden bis hin zu Partituren.[5] Doch im Vergleich zu der in dieser Zeit ansonsten üblichen Tyrannenherrschaft war das demokratische

---

[4] Vgl. Platon: „Gorgias".
[5] Benjamin Constant: „Von der Freiheit des Altertums, verglichen mit der Freiheit der Gegenwart" [1819], in: Ders.: „Über die Freiheit", 1946.

Athen geradezu ein Hort der Freiheit und der Selbstbestimmung. Diese Zeit der direkten Demokratie unter der Führung von Politikern wie Perikles (* um 490 v. Chr., † 429 v. Chr.) ging mit einer beispiellosen Blüte in Handel, Bildhauerei, Architektur und Literatur einher. Die Teilhabe am öffentlichen Leben und Übernahme von Verantwortung für das Gemeinwesen durch große Teile der Bevölkerung führte nicht zu Chaos und Rechtlosigkeit, sondern spornte die Tatkraft der Menschen an und setzte kreative Energien frei, von deren Früchten die Menschheit bis heute zehrt.

Beendet wurde das demokratische Experiment in Athen im Jahr 338 v. Chr. durch einen externen Aggressor: König Philip II. von Mazedonien mit seiner Armee. Für die nächsten 2000 Jahre sollte der Geist der Demokratie bis ins Renaissancezeitalter wieder in seine Flasche gebannt sein.

Die Wiedergeburt
einer Idee

Ausgehend von norditalienischen Stadtstaaten wie Florenz oder Venedig breitete sich in Europa des 15. und 16. Jahrhunderts ein Denken aus, das u.a. inspiriert von der Lektüre antiker Schriften die starre, „gottgegebene" Ordnung des Mittelalters in Zweifel zog. Langsam setzten sich auch die Ideen der Autonomie, der Freiheit und der Gleichheit im Sinne eines Naturrechts durch. Ins Zentrum des Denkens der Renaissance-Humanisten rückte der Mensch mit seinen schöpferischen Potenzialen und die Frage, wie diese am besten zu entfalten seien. Wie auch schon im antiken Athen ging dieses Streben nach mehr individueller und politischer Selbstbestimmung einher mit einer beispiellosen Blüte von Kunst, Wissenschaft und Wirtschaft.

Einer der wichtigsten Repräsentanten dieses revolutionär neuen, wenngleich noch nicht im modernen Sinne demokratischen Denkens war der florentinische Gelehrte Niccolò Machiavelli (* 1469, † 1527). Der Nachwelt in Erinnerung geblieben ist er vor allem auf Grund seines Werks „Der Fürst", in dem er mit kühlem Blick politische Macht analysiert und praktische Vorschläge zur (wenn's sein muss auch grausamen) Machterreichung und -erhaltung unterbreitet. Das macht das Werk bis heute zur Bettlektüre für ambitionierte Politiker aller Couleur. So assoziieren wir den Begriff „Machiavellismus" mit rücksichtloser Machtpolitik.

Leider etwas in Vergessenheit geraten ist dabei der humanistische Gehalt von Machiavellis Denken. Denn dem Autodidakten Machiavelli, selbst aus ärmlichen Verhältnissen stammend, ging es keineswegs darum, absolutistische Willkürherrschaft zu legitimieren. „Der Fürst" kann so gedeutet werden, dass zumindest die gröbsten Gewaltexzesse unkontrollierter Machtausübung mit Hilfe des Appells an die, hoffentlich ausreichend vorhandene, fürstliche Ratio eingedämmt werden sollten. Gleichzeitig stand es für Machiavelli ganz außer Frage, dass die Herrschaft der Vielen immer der Herrschaft eines Einzelnen vorzuziehen sei.

Mit Blick auf die für damalige Verhältnisse sehr freien und fortschrittlichen norditalienischen Republiken – wenngleich sie de facto zwar von einer Art Oligarchie reicher Familien beherrscht wurden – kam er zu dem Schluss, dass Städte, in denen die Macht in den Händen „des Volkes" lag, besser gedeihen als Staaten, in denen Fürsten regieren. Dies, so Machiavelli, „kann aber nur daher kommen, dass die Völker besser regieren als die Fürsten."[6] Da „Städte, in denen

6   Niccolò Machiavelli: „Der Fürst", Reclam 2003.

sich die Regierung in den Händen des Volkes befindet, in sehr kurzer Zeit wunderbare Fortschritte machen, weit über dem hinaus, was die Städte erzielt haben, die schon immer von Fürsten regiert wurden [...]", sei "die Herrschaft eines Volkes besser ist als die Herrschaft eines Fürsten".[7]

Auch "was Urteilsbildung betrifft", sieht Machiavelli klare Vorteile des Volkes gegenüber dem Fürsten. Es ist nur selten der Fall, "dass es nicht die beste Meinung auswählt und dass es nicht in der Lage ist, die Wahrheit zu verstehen, die es hört".[8] Und sollte es mal falsch liegen, kann man es immerhin noch mit Argumenten vom Gegenteil überzeugen, im Gegensatz zu einem niederträchtigen Fürsten, den man in solchen Fällen nur noch mit Waffengewalt zur Einsicht bringen kann. Vorurteile gegenüber der Urteilskraft des Volkes sieht Machiavelli vor allem darin begründet, "dass jeder Mensch öffentlich und furchtlos schlecht von diesem sprechen kann, auch wenn die Regierung in seinen Händen liegt; während von Fürsten immer mit größter Zurückhaltung und einem ständigen Augenmerk auf die Folgen gesprochen wird."[9] Selbst wenn Machiavelli noch weit entfernt ist von universellen Gleichheitsgrundsätzen, wie sie für heutige Massendemokratien zumindest in der Theorie konstituierend sind, ist es dieses grundsätzlich positive Verständnis gegenüber der Weisheit der Vielen, das ihn zu einem wichtigen Vordenker auf dem Weg hin zu einer echten Selbstherrschaft der Menschen über ihr politisches Schicksal macht.

---

[7] Ebd.
[8] Ebd.
[9] Ebd.

Auch auf der anderen Seite der Alpen fasste die neue Sichtweise auf Mensch und Gesellschaft Fuß. Gemäß dem auf
einen mittelalterlichen Rechtsgrundsatz zurückgehenden
Ausspruch „Stadtluft macht frei" ging der Aufstieg des humanistischen Denkens auch im Heiligen Römischen Reich
vor allem von den Städten aus, die vergleichbar mit Italien
häufig eher republikanisch regiert wurden. Man denke an
die kulturelle und wirtschaftliche Blüte der norddeutschen
Hansestädte oder süddeutschen Reichsstädte. Ein wichtiger
Protagonist ist Machiavellis Zeitgenosse Erasmus von Rotterdam (* vermutlich 1467, wahrscheinlich † 1536).

Erasmus bemühte sich um einen rationalen und rea-
listischen Zugang zur Politik, beharrte dabei allerdings anders als Machiavelli auf ethischen Maßstäben als Grundlage
politischer Machtausübung. Entgegen der damals verbreiteten Vorstellungen des Gottesgnadentums betonte er den
Nutzen für die Gemeinschaft als wichtigstes Kriterium für
politisches Handeln. Demgemäß dürfe ein König nur so lange regieren, wie er dem Staat Nutzen bringt.[10] Da Erasmus
den charakterlich ideal geeigneten Einzelherrscher für einen
„Wunschtraum" hält, plädiert er dafür, die Monarchie mit
den beiden anderen aus der Antike bekannten Regierungsformen, der Demokratie und Aristokratie, zu mischen, „damit
sie nicht zur Tyrannis entarte, sondern damit die Elemente
sich gegenseitig im Gleichgewicht halten".[11] Ein Gedanke mit
großer Sprengkraft zu dieser Zeit, der sich radikal gegen das
Selbstverständnis der damals Herrschenden wandte.

---

[10] Volker Gerhardt: „Demokratie als politische Form der Menschheit. Abendvortrag auf
der Tagung ‚Die Reform der Demokratie'", Stiftung Lucerna / Universität Luzern,
27.03.2015.
[11] Erasmus von Rotterdam: „Die Erziehung des Christlichen Fürsten", Paderborn 1968.

Im 18. Jahrhundert sollte die alte Idee einer Mischverfassung aus monarchistischen, aristokratischen und demokratischen Elementen dann von Vordenkern der Aufklärung wie de Montesquieu im Detail ausformuliert werden – diesmal allerdings nicht primär aus Skepsis gegenüber dem monarchisch-tyrannischen Element der Formel wie bei Erasmus, sondern vor allem aus Angst vor einer unkontrollierten „Pöbelherrschaft". So sollte sie zum Vorbild eines gewaltenteiligen Republikanismus mit sehr beschränkten politischen Einflussmöglichkeiten für normale Bürger werden, der – ausgehend von den USA – bis heute unser prototypisches Verständnis von Demokratie prägt. Zuvor musste allerdings noch – in intellektuellen Debatten und auf dem Schlachtfeld – eine weitere wichtige Frage geklärt werden, nämlich die, was den modernen Demos und dessen Machtanspruch eigentlich ausmacht.

Souveränität - vom Leviathan zu den Levellers

Die Aufklärung, die bis ins 18. Jahrhundert hinein andauerte, bestärkte bei der Bevölkerung den Wunsch nach Veränderung. Schon im 13. und 14. Jahrhundert hatten Bauern in unterschiedlichen Regionen Europas – etwa in England, Flandern und Böhmen – gegen ihre Herrscher aufbegehrt. Die Ideen der Reformation und der frühen Aufklärung, die beide auf einem neuen Begriff des Individuums fußten, hatten gesellschaftliche Konfliktlinien noch deutlicher zum Vorschein gebracht. Am bekanntesten ist in Deutschland der von Thomas Münzer (*1490, †1525) angeführte Bauernaufstand.

Die Botschaft der Gleichheit und des Naturrechts barg eine enorme politische Sprengkraft in sich, was vielen Aufklärern durchaus bewusst war. Ironischerweise hinterließen dabei gerade solche Denker den größten Einfluss in der Geschichte, die sich mit ihrem Werk gegen den Wunsch nach Veränderung stemmten. Zu nennen ist hier z.B. der Staatstheoretiker Jean Bodin (* 1529, † 1596), der die Religionskriege in Frankreich miterlebte und den Absolutismus als ideale Staatsform ansah, weil nur er für Harmonie sorgen könne. Sein Lob der Souveränität des Herrschers beruhte gerade darauf, dass dieser auch gegen den Willen seiner Untertanen Gesetze erlassen kann.

Ein paar Jahrzehnte später entwickelte der britische Philosoph Thomas Hobbes (* 1588, † 1679) die Idee des Souveräns weiter. Sein auf den absolutistischen Herrscher bezogener Souveränitätsbegriff sollte später in allerdings gewandelter Form als Idee der Volkssouveränität zur ideellen Grundlage aller später folgenden demokratischen Revolutionen werden.

Hobbes bemühte sich vor dem Hintergrund der chaotischen Zustände in der Epoche der Religionskriege, eine neue Legitimationsgrundlage für die absolutistische Herrschaft zu entwickeln. Die traditionelle Idee des Gottesgnadentum trug nicht mehr im ausreichenden Maße. Mit dieser Einsicht entwickelte er das theoretische Konstrukt eines von allen politischen und rechtlichen Verhältnissen unabhängig bestehenden abstrakten Naturzustands, in dem die Legitimität des Staates auf einer freiwilligen vertraglichen Handlung der Untertanen basierte. Für den Politikwissenschaftler Richard Tuck begründet sich die souveräne Macht des Hobbesschen Leviathans gerade in diesem allgemeinen

Konsens der Untertanen.[12] Ein großer – wenngleich auch (erst einmal) nur gedanklicher – Fortschritt zu vorherigen Zeiten. In einem Gesellschaftsvertrag entschließen sich die von Natur aus – also prinzipiell, nicht faktisch – freien und gleichen Individuen aus rationalem Eigeninteresse heraus dazu, ihre politische Macht ebenso wie ihre ausschließliche Entscheidungsgewalt an den Souverän zu übertragen, der diese dann in ihrer Gesamtheit repräsentiert. Hier bildet der Monarch, wie das berühmte Frontispiz von Thomas Hobbes Leviathan andeutet, aus der Gesamtheit der vielen Körper seiner Untertanen einen umfassenden Gesellschaftskörper. In diesem können die Sicherheitsbedürfnisse der Einzelnen besser gewahrt werden, als dies in den brutalen und unsicheren Verhältnissen möglich wäre, die ohne die Herrschaft einer verbindenden Zentralgewalt drohten (Hobbes berühmter *bellum omnium contra omnes*). Mit den Worten des Staatstheoretikers: „Wäre keine Macht da, welche allen das Gleichgewicht halten könnte, so wäre das Leben der Menschen nebeneinander nicht bloß freudlos, sondern vielmehr auch höchst beschwerlich."[13]

Wenngleich die Vielen in diesem Konstrukt politische Freiheit gegen den Schutz ihres Lebens und der körperlicher Unversehrtheit eintauschen, verpflichtet sich im Gegenzug der Souverän dazu, die Rechte und individuellen Freiheiten der Individuen zu wahren und vor allem Rechtsgleichheit und -sicherheit durchzusetzen; gleichwohl er das Recht hat, beliebig Gesetze zu ändern oder zu erlassen. Diese Funktion als Gesetzgebungsinstanz oder Quelle allen Rechts – und

---

12 Richard Tuck: „Democratic sovereignty and democratic government. The sleeping sovereign", Kindle Position: 6242 in: Bourke / Skinner (Hg.), s. Anm. 3.
13 Thomas Hobbes: „Leviathan", Reclam 1986, S. 114–16.

nicht etwa das heute so oft bemühte staatliche Gewaltmonopol – macht den Kern des Souveränitätsbegriffs in der Tradition von Bodin und Hobbes aus.

Hieraus folgt allerdings auch, dass eine Verletzung des Friedensversprechens, etwa durch rechtliche Ungleichbehandlung, zur Delegitimierung seines Machtanspruchs und somit zur Aufhebung der Gehorsamspflicht führt. Denn, wie die Politikwissenschaftlerin Ingeborg Maus erläutert: „Die Aufgabe des Souveräns [...] ergibt sich aus dem Zweck, zu dem er mit der souveränen Gewalt betraut wurde, nämlich der Sorge für die Sicherheit des Volkes." Sie sieht in dieser „Vergesetzlichung der Staatsgewalt" bereits ein wesentliches Element demokratischer Rechtsstaatstheorien des 18. Jahrhunderts.[14] Aus dem gleichen Umstand leitet der Ideengeschichtler Richard Bourke die These ab, die Identifikation des Begriffs der Volkssouveränität mit Demokratie beginne bereits mit Bodin.[15]

Dies ist insofern bemerkenswert, als dass der Royalist Bodin zeitlebens vor dem „Übel der Volksherrschaft" warnte, wie sie etwa im alten Athen praktiziert wurde: „Wie kann eine Menschenmasse, das heißt ein Biest mit vielen Köpfen, ohne Urteilsvermögen oder Vernunft, einen guten Rat geben? Den Rat einer Menschenmasse zu befolgen (wie sie es in vergangenen Zeiten in den populären Gemeinwesen taten), ist, nach der Weisheit eines verrückten Mannes zu suchen."[16] Aber die verrückte Idee, dass ganz normale Menschen selbst die Gesetze für ihr Gemeinwesen machen können, ohne dadurch im Chaos eines Krieges aller gegen alle zu versinken,

---

[14] Ingeborg Maus: „Vom Rechtsstaat zum Verfassungsstaat. Zur Kritik juridischer Demokratieverhinderung", in: Blätter für deutsche und internationale Politik 7/2004.
[15] Richard Bourke: „Einleitung" in: Ders. / Skinner (s. Anm. 3), Kindle Position: 208.
[16] Jean Bodin: „Sechs Bücher über den Staat", 1576.

fand in den sich dynamischen entwickelnden Gesellschaften der Moderne aller elitären Mahnungen zum Trotz immer mehr Anhänger. Der Philosoph Baruch de Spinoza (* 1632, † 1677), der als einer der Väter der Aufklärung gilt, machte sich für ein demokratisches Gemeinwesen mit absoluter Meinungsfreiheit stark. Die Ideen von Demokratie und Freiheit verknüpfte er auf eine radikale Weise. Für ihn ist der demokratische Staat auf natürliche Weise mit der persönlichen Freiheit verbunden: „In Ihm überträgt Niemand sein natürliches Recht auf einen Anderen so, dass er niemals deshalb später gefragt zu werden braucht; sondern die Übertragung geschieht an die Mehrheit der ganzen Gemeinschaft, von der er einen Theil bildet. So bleiben Alle sich gleich, wie in dem natürlichen Zustande."[17] Gleichwohl kann das nur funktionieren, wenn jedem Einzelnen ein Höchstmaß an Gedanken- und Meinungsfreiheit zugestanden wird, wenn „in einem Freistaate Jedem erlaubt ist, zu denken, was er will, und zu sagen, was er denkt." Sollte dies gewährleistet sein, kann der demokratische Staat seine große Stärke ausspielen, nämlich durch öffentliche Diskussionen mit anschließenden Mehrheitsentscheidungen „die verkehrten Begierden zu hemmen und die Menschen in den Grenzen der Vernunft so viel als möglich zu erhalten, damit sie einträchtig und friedlich leben."[18]

Die Aufklärungsphilosophen entwickelten ihre Ideen unter dem Eindruck der Machtkonflikte ihrer Zeit. Die Englische Revolution von 1642 bis 1651, die sich gegen die absolute Monarchie richtete, ging von konservativen Mitgliedern

---

[17] Baruch de Spinoza: „Tractatus Theologico-Politicus". Übersetzung: Spinoza: „Theologisch-politische Abhandlung", Berlin 1870, S. 208–22.
[18] Ebd.

des Parlaments aus. Doch im Zuge der Revolte zeigte sich, dass eine Mehrheit mehr wollte als nur den Kopf des Königs. Hier, in der Heimat von Thomas Hobbes, war eine radikale Bewegung entstanden, die sich Levellers (engl. „Gleichmacher") nannte. Sie rekrutierten sich vor allem aus den breiten Bevölkerungsschichten der „New Model Army", die für den Anführer der Republikaner, Oliver Cromwell, kämpften. Diese Bewegung erhob zum ersten Mal in der Moderne vordemokratische Forderungen wie z.B. jährliche Parlamentswahlen sowie ein allgemeines Wahlrecht für (besitzende) Männer – mit Ausnahme der „Delinquenten, die für den König kämpften. Ihr Protest galt einem Parlament, das selbst zu einer Herrschaftsform der Eliten geworden war und sich kaum um die Meinung der großen Masse scherte."[19] Jede legitime Macht müsse vom Volk ausgehen, forderten die Levellers in den 1640er-Jahren.[20]

Dabei war für sie Souveränität keine gesellschaftliche Abstraktion, sondern unmittelbar in jedem einzelnen Individuum angelegt – eine Idee, die sich im neuen Begriff der „selfe proprierty", des Selbsteigentums, ausdrückte. Zwar blieb auch für die Levellers die Idee der Repräsentation vor allem etwas Symbolisches, gleichzeitig sollten die Abgeordneten mehr als bisher als Abbild des gesamten Volkes erscheinen, um so an politischer Autorität zu gewinnen.

Die individualistische Rhetorik des Selbsteigentums diente dabei nicht ausschließlich zur Rechtfertigung des Akkumulationsstrebens einer aufstrebenden kapitalistischen Klasse, wie manche linke Kritiker behaupten. Es ging um soziale Reformen und die politische Opposition gegen

---

19 Lorenzo Sabbadini: „Popular Sovereignty and Representation in the English Civil War" in: Bourke / Skinner (Hg.), s. Anm. 3., S. 164ff.
20 Ebd.

die Parlamentarier. Diese missbrauchten den Begriff der Volkssouveränität, um die Unterordnung der Individuen unter einen abstrakten Volkswillen zu rechtfertigten, der oft nur der Verschleierung ihrer willkürlichen Machtinteressen diente.[21]

Die Entstehungsgeschichte des Begriffs des Selbsteigentums ist wichtig, auch angesichts seiner späteren Verwendung bei Locke oder im Kontext aktueller libertärer Debatten. Heute wird der Begriff oft zur Legitimierung der Durchsetzung privilegierter Interessen genutzt, etwa wenn Reiche mit dem Verweis auf das „Selbsteigentum" keine oder möglichst wenig Steuern zahlen wollen. Ursprünglich ging es aber gerade darum, den Ärmsten zu ihren politischen Rechten zu verhelfen.[22] Aus der blutleeren Abstraktion „des Volks" wurde eine Menge konkreter, eigenständiger Personen, deren souveräne Autorität sich gerade aus der individuellen Vielfalt seiner einzelnen Teile speist.[23] Dieses individualistische Verständnis von Volkssouveränität sollte auch die erste erfolgreiche demokratische Revolution der Menschheitsgeschichte, die Amerikanische, beeinflussen – wenn auch in engen Grenzen.

Beschränkte Demokratie
in Amerika

1776 proklamierten die Gründerväter der Vereinigten Staaten im Geist der Aufklärung die Gleichheit aller Menschen als Träger natürlicher Rechte („We the people…"), nicht

---

[21] Eric Nelson: „Prerogative, popular sovereignty, and the American founding" in: Bourke / Skinner (Hg.), s. Anm. 3., Kindle Position 6217.

[22] Ebd., Kindle Position 6221.

[23] Ebd., Kindle Position 6244.

zuletzt, um so die Menschen in den Kolonien und darüber hinaus für ihren revolutionären Unabhängigkeitskrieg gegen die britische Krone zu mobilisieren. Obwohl die USA so zum großen Hoffnungsträger für Demokraten in aller Welt wurden, schreckten die meisten Gründerväter später bei der konkreten Umsetzung dieses universellen Versprechens in den Institutionen des neuen Staates zurück. In den amerikanischen Verfassungsdebatten setzten sich die „Federalists" durch – und nicht die radikalen Befürworter des Prinzips der Volkssouveränität, wie z.B. der Vordenker der Unabhängigkeitsbewegung Thomas Paine (* 1736, † 1809).

Viel Wert wurde auf die berühmten „Checks and Balances" gelegt, die dazu dienten, institutionalisierte Sicherheiten einzuführen, um den Einfluss der Wähler abzufedern. So wacht der Supreme Court über die Verfassung, die von den Federalists als eine Art geronnener Volkswille verstanden wird, der – wenn nötig in den Augen der gesellschaftlichen Eliten – gegen irrationale Bestrebungen der Bürger ins Feld geführt werden kann. Eine ähnliche Wächterfunktion gegenüber dem Volk nimmt der Senat ein, dessen Mitglieder erst seit Anfang des 20. Jahrhunderts demokratisch gewählt werden. In den Worten des Gründervaters und vierten US-Präsidenten James Madison soll diese Institution die Menschen vor sich selbst schützen, sobald diese „durch eine unregelmäßige Leidenschaft angeregt" werden, „Maßnahmen zu fordern, die sie im Nachhinein selbst am ehesten beklagen und verurteilen werden".[24]

Dieses paternalistische Staatsverständnis speist sich aus einem Misstrauen gegenüber der Fähigkeit einfacher Menschen, die politische Macht, die ihnen eine Demokratie

---

[24] James Madison: „Federalist No. 63: The Senate Continued", 1788.

in die Hand gibt, sinnvoll zu nutzen. Im Geiste Platons, Aristoteles' oder Bodins argumentierte Madison in den „Federalist Papers" scharf gegen die direkte Demokratie. Das Problem mit Volksversammlungen sei die Leidenschaft der irrationalen Massen, die die Weisen ersticken würde. Selbst wenn jeder Athener Bürger ein Sokrates gewesen wäre, war sich Madison sicher, wäre „jede Athener Versammlung immer noch ein Mob gewesen."[25]

So seien „Amerikas repräsentative Institutionen in bewusster Gegnerschaft zum Ideal der Demokratie gegründet worden", konstatiert der Politikwissenschaftler Yascha Mounk.[26] Paradoxerweise gehöre es dabei zum „Gründungsmythos der liberalen Demokratie", dass ausgerechnet ihre amerikanische Variante bis heute von vielen als bestmögliche Verkörperung des demokratischen Ideals unter modernen Bedingungen gefeiert wird. Einen Umstand, den Mounk u.a. auf den Status der USA als dominierende Weltmacht seit Ende des Zweiten Weltkriegs zurückführt. Radikaldemokratische Ansätze hingegen, die die Rolle der Bürger als „höchste Gewalt" (John Locke) im Staat wirklich ernst nehmen wollen, führen bis heute ein Schattendasein in der großen Demokratiedebatte.

Der Gedanke der Repräsentation selbst, den viele heute als Kern demokratischen Denkens ansehen, war für Madison nicht etwa ein Mittel, den Willen des Souveräns zu erkennen, um ihn dann durch die gewählten Politiker möglichst genau umsetzen zu lassen. Im Gegenteil: Es geht darum, die demokratische Entscheidungsgewalt der als dumm

[25] James Madison: „Federalist No. 55: The Total Number of House of Representatives", 1788.
[26] Yascha Mounk: „Der Zerfall der Demokratie. Wie der Populismus den Rechtsstaat bedroht", Droemer HC 2018, S. 72f.

angesehenen Massen durch den Wahlakt an besser geeignete Experten zu delegieren. Denn, wie er erklärt: „Wenn die Stimme des Volkes von ihren Vertretern erhoben wird, ist sie dem Wohl des Ganzen viel stärker zuträglich, als wenn sie das Volk selbst erhebt."[27] So liegt der große Vorteil der repräsentativen Republik gerade nicht in ihrem demokratischen Element, wie Madison zusammen mit einem weiteren Gründervater, Alexander Hamilton, feststellte, sondern ganz im Gegenteil darin, dass „das Volk in seiner kollektiven Eigenschaft von jeglichem Anteil an der Regierung ausgeschlossen wird."[28]

Als geistiger Vorläufer für das beschränkte Demokratiemodell à la USA kann der französische Staatstheoretiker de Montesquieu gelten, der seine Theorien noch in vordemokratischen Zeiten konzipierte. Er selbst bevorzugte die Idee einer „gemäßigten Monarchie", in der die Macht des Königs durch Gewaltenteilung begrenzt wird. Freiheitssicherung entsteht für ihn aus dem Antagonismus zwischen teilsouveränen Gewalten. In seinem zentralen Werk „Vom Geist der Gesetze" (1748) postuliert er, dass Freiheit nur dann existieren kann, wenn Legislative, Exekutive und Judikative in einem gemäßigten Regierungssystem personell, nicht aber funktional strikt voneinander getrennt sind. Für ihn waren Monarchien, die nach diesem Prinzip geordnet sind, besser geeignet, die Freiheiten der Bürger zu schützen, als Republiken mit einer zentralen Gewalt.[29]

Die Politikwissenschaftlerin Ingeborg Maus führt aus, wie stark das amerikanische Verfassungsmodell, das neben

---

27 James Madison in Alexander Hamilton et al.: „Die Federalist Papers", C.H. Beck 2007, S. 98.
28 Ebd.
29 Vgl. Charles-Louis de Montesquieu: „Vom Geist der Gesetze", 1748.

der deutschen Demokratie auch zahlreiche andere Republiken weltweit maßgeblich beeinflusste, auf eben diesem Montesquieuschen' Modell einer *horizontalen Gewaltenteilung* beruht. In diesem Modell wird die souveräne Gesetzgebung horizontal auf verschiedene Gewalten aufgeteilt. Maus spricht von einer „horizontalen Institutionalisierung von Checks and Balances, die heute fälschlicherweise für das Gewaltenteilungssystem schlechthin gehalten wird."[30]

Im Gegensatz dazu sieht sie ein Modell *vertikaler Gewaltenteilung*, das sich in der radikaldemokratischen Vorstellung von Volkssouveränität verwirklicht. In diesem Modell geht die Gesetzgebung „ungeteilt" ausschließlich vom Volk aus, also den „Nichtfunktionären", die im Gegensatz zu den Amtsträgern des staatlichen Gewaltmonopols stehen. So werde gewährleistet, dass jeder Einsatz der Staatsgewalt durch die gesellschaftliche Basis, „von unten", kontrolliert und dirigiert wird. „Das Prinzip der Volkssouveränität etabliert also zwei gegenläufige Asymmetrien. Der einen Asymmetrie, der riskanten Unterwerfung aller Bürger unter das staatliche Gewaltmonopol, wird die andere entgegensetzt: die Unterwerfung der Staatsapparate unter die gesetzgebende Souveränität des Volkes."[31]

Maus zieht das Prinzip vertikaler Gewaltenteilung, welches – nebenbei bemerkt – ebenfalls eine horizontale Ebene beinhaltet und gleichzeitig auch nicht ohne die Idee einer strikten Rechtsstaatlichkeit funktioniert, der sich vor allem die staatlichen Funktionsträger, seien es nun Regierungs-

[30] Ingeborg Maus: „Die Errichtung Europas auf den Trümmern der Demokratie?", in: Blätter für deutsche und internationale Politik, 6/2005.
[31] Ingeborg Maus: „Die Rekonstruktion demokratischer Souveränität. Zur Verteidigung der Verfassungsprinzipien des ‚alten' Europa (II)", in: Blätter für deutsche und internationale Politik, 7/2005.

mitglieder, Ministerialbeamte, Verwaltungsbeamte und Richter, zu unterwerfen haben, dem der horizontalen Gewaltenteilung vor. Bei letztgenannter, in der sich Parlament, Exekutive und Judikative die souveräne Gesetzgebung unter sich aufteilen, droht durch wachsende Bürgerferne der Institutionen – und unsere aktuelle politische Situation bietet reichlich Anschauungsmaterial für diese These – eine Verselbstständigung einer von Rechenschaftspflichten gegenüber der Basis weitestgehend entkoppelten Exekutive und Judikative. Dies ist – das sei hier ebenfalls nur nebenbei angemerkt – auch einer der entscheidenden Gründe für die skeptische Haltung der Demokratietheoretikerin Maus gegenüber den supranationalen Institutionen der EU, die ein radikaldemokratisches Verständnis von Volkssouveränität untergraben.

Die vertikale Gewaltenteilung führt Maus letztlich auf den liberalen Vordenker John Locke zurück, der die Souveränitätsrechte, bis hin zum Recht auf gewaltsamen Widerstand gegen illegitimes staatliches Handeln, konsequent an der gesellschaftlichen Basis verortet: „Und so behält die Gemeinschaft beständig eine höchste Gewalt für sich, um sich vor den Angriffen und Anschlägen einer Körperschaft, selbst ihrer Gesetzgeber, zu sichern, so oft diese so töricht oder schlecht sein sollten, Pläne gegen die Freiheiten und Eigentumsrechte der Untertanen zu schmieden", argumentiert Locke.[32] In der spezifischen Montesquieu-Rezeption durch die Federalists sieht Maus eine bis heute anhaltende „Dämonisierung von Volkssouveränität" angelegt, in der das im Gedanken der Volkssouveränität institutionalisierte Misstrauen

---

[32] John Locke: „Zwei Abhandlungen über die Regierung, Abh. II", hgg. von Walter Euchner, Europäische Verlagsanstalt 1967.

gegen die Übermacht der Regierungen in ein unspezifisches Misstrauen gegenüber dem Volk umgekehrt wurde.[33]

Die Vorstellungen der radikalen Demokraten konnten sich nicht durchsetzen. Das heißt aber nicht, dass sie ohne Einfluss blieben. Thomas Paine trug mit seinem Pamphlet „Common Sense" (1776) maßgeblich dazu bei, die öffentliche Meinung in Nordamerika in Richtung eines revolutionären Umschwungs zu beeinflussen. Paine, selbst aus einfachen Verhältnissen entstammend, teilte die Geringschätzung der Mehrheit der anderen Gründerväter, viele von ihnen reiche Plantagen- und Sklavenbesitzer, nicht. Ihm, zeitlebens ein entschiedener Gegner der Sklaverei, ging es um die Gründung einer auf den egalitären Prinzipien der Menschenrechte gründenden, freien und demokratischen Gesellschaft. Dabei sprach er sich auch für ein Repräsentativsystem mit klar und einfach strukturierten Institutionen aus. Am wichtigsten dabei ist, dass jeder politische Sachverhalt offen von allen Bürgern diskutiert werden müsste.

Paine ging davon aus, dass, „wenn die Vernunft uneingeschränkt regieren kann, die richtigen Entscheidungen getroffen werden." Das ist ein Grundsatz, der sich bis heute in der großen Bedeutung, die der freien Rede in den USA zukommt, niederschlägt. In keinem Land der Welt ist die freie Meinungsäußerung stärker gesetzlich geschützt, als dies durch den ersten Verfassungszusatz in den USA der Fall ist. Eine Voraussetzung dafür war für Paine, dass sich die Gesellschaft von jeglichen Verpflichtungen gegenüber früheren oder zukünftigen Generationen befreit. An die Stelle von Tradition und Zukunftsängsten („Die Erde gehört den Lebenden") sollten Meinungsfreiheit, die Prinzipien der

---

33 Maus, s. Anm. 31.

Gleichheit, der moralischen Selbstbestimmung und Entscheidungsfreiheit der Individuen treten. Der ideale Staat basiert für Paine auf einem frei erteilten Mandat und der Befähigung der Bürger, politische Entscheidungen unter Einsatz ihrer Vernunft zu treffen.[34]

Obwohl die radikalen Demokraten wie Paine die wichtige Schlacht um die Verfassungsgrundsätze zu Beginn der amerikanischen Republik gegen die konservativen Eliten verloren hatten, hieß dies noch lange nicht, dass der Kampf umsonst gewesen war. Die Prinzipien von Freiheit und Gleichheit waren als wenngleich noch unerfülltes Versprechen in der Verfassung und mehr noch in der US-Gesellschaft verankert, die sich aus einem permanenten Zustrom freiheitsliebender Immigranten konstituierte. Im Laufe der Geschichte sollten sich so immer wieder politische und soziale Bewegungen formieren, die das universelle Versprechen der amerikanischen Unabhängigkeitserklärung beim Wort nahmen und den Raum der Demokratie Schritt für Schritt erweitern sollten.

1856 war das Wahlrecht für weiße Männer beinahe universell. Der Sieg der Nordstaaten unter Abraham Lincoln im Amerikanischen Bürgerkrieg führte 1870 zum 15. Zusatzartikel der US-Verfassung, der allen erwachsenen Männern unabhängig ihrer Rasse das Wahlrecht gewährte. Durch verschiedene rassistische Repressalien – etwa die berüchtigten „Jim Crow"-Gesetze – sollten schwarze Wähler allerdings noch bis zur Bürgerrechtsbewegung der 1960er-Jahre in weiten Teilen der USA systematisch entrechtet bleiben. Im Jahr 1912 wurde die

---

[34] Ausführlich zu Paines Denken: „Common Sense, Rights of Man and other essential Writings of Thomas Paine", Signet 2003, sowie Yuval Levin: „The Great Debate: Edmund Burke, Thomas Paine, and the Birth of Right and Left", Basic Books 2014.

Direktwahl der Senatoren eingeführt und im Jahr 1920 schließlich das Frauenwahlrecht.

Die Schwierigkeiten, mit denen sich die amerikanische Demokratie heute auseinandersetzen muss, stehen auf einem anderen Blatt. Aber die Geschichte ihrer schrittweisen und oft von Rückschlägen geprägten Weiterentwicklung im „Land of the Free" zeigt, dass demokratischer Fortschritt „von unten" erkämpft werden kann.

Die große Debatte
um die Französische Revolution

In Frankreich war die Situation zu Ausbruch der Revolution eine ungleich andere als in jenen dünn besiedelten, agrarisch geprägten Kolonien, aus denen die USA hervorgingen. Frankreich war gegen Ende des 18. Jahrhunderts eines der politisch mächtigsten und wirtschaftlich sowie kulturell fortschrittlichsten Länder der Erde, Paris das Zentrum des europäischen Geisteslebens. Was in Frankreich passierte, hatte Vorbildcharakter für die ganze Welt. Das erklärt das gewaltige Echo, das die Ereignisse ab 1789 bei den Zeitgenossen auslösten.

Wohingegen die Anliegen der amerikanischen Revolutionäre selbst bis in konservative Kreise hinein nicht selten auf Sympathien stießen, was auch – wie im vorherigen Abschnitt gezeigt – viel mit deren skeptischer Haltung gegenüber der Rolle der Bevölkerungsmehrheit in der Politik zu tun hatte, stieß die Französische Revolution auf heftige Gegenreaktionen. Dazu trug auch bei, dass sowohl die Forderungen als auch die Praxis der Revolutionäre in Frankreich zum Teil deutlich radikaler waren, ja, radikaler sein mussten, als in Amerika.

Die „Neue Welt" bot viel Spielraum für politische Experimente. In Frankreich hingegen mussten erst einmal die gewachsenen und grausamen Strukturen des feudal-absolutistischen Ständestaats beseitigt werden. Hierbei sollten, was vor allem Adel und das Besitzbürgertum in Angst und Schrecken versetzte, erstmals „die Massen" eine wichtige Rolle als Akteure auf der Bühne der Weltgeschichte spielen.

„Wir haben in drei Tagen den Raum von drei Jahrhunderten durchquert", sollen Zeitgenossen nach dem Sturm auf die Bastille am 14. Juli 1789 gesagt haben. Gemeint war, dass sich nach diesem spontanen Volksaufstand das Rad der Geschichte nicht mehr zurückdrehen ließ. Die einfachen Menschen wurden seitdem ein immer wichtigerer Faktor in der Politik. Bei vielen Historikern gilt die Französische Revolution gerade auch deshalb als epochemachendes Ereignis. Klar ist allerdings auch, wie der Ideengeschichtler Richard Bourke ausführt, „dass die Ideen von 1789 nicht einen radikalen Neuanfang markierten, sondern lediglich ältere Kontroversen in einer neuen Form recycelten."[35]

In der Epoche der Aufklärung, deren Kulminationspunkt die Französische Revolution ist, veränderte sich das Verhältnis zwischen Regierenden und Regierten auf grundlegende Weise, wie der Soziologe Frank Furedi[36] darlegt. Die Machthaber waren zunehmend gezwungen, das Volk ernst zu nehmen, weil sie immer stärker öffentlicher Kontrolle und Druck ausgesetzt waren. Sie waren vor die Frage gestellt, „wie die abstrakte öffentliche Meinung, die sie zu repräsentieren behaupteten, zu einer grundlegenden Autoritätsquelle umgewandelt werden könnte." Eine vorübergehende Antwort fanden sie „in

35 Richard Bourke: „Introduction" in: Bourke / Skinner (Hg.), s. Anm. 3, Kindle Position 405.
36 Vgl. Frank Furedi: „Authority. A Sociological History", Cambridge University Press 2013.

der Neuausrichtung des öffentlichen Willens als den einer Nation."[37]

So heißt es im dritten Artikel der „Erklärung der Menschen- und Bürgerrechte" durch die französische Nationalversammlung im Jahr 1789: „Der Ursprung jeder Souveränität ruht letztlich in der Nation. Keine Körperschaften, kein Individuum können eine Gewalt ausüben, die nicht ausdrücklich von ihr ausgeht." Die französische Verfassung von 1791 formuliert es folgendermaßen: „Die Souveränität ist einheitlich, unteilbar, unveräußerlich und unverjährbar. Sie gehört der Nation. Kein Teil des Volkes und keine einzelne Person kann sich ihrer Ausübung aneignen." Die Souveränität des Volkes, verkörpert eben in der Nation, dient laut Furedi hier als moralischer Gegenentwurf zu jener Autorität des Ancien Régime, die sich maßgeblich auf Tradition und Religion stützte, um die neue Ordnung nach der Revolution zu legitimeren.

Diese Neuausrichtung war durchaus zweischneidig. Auf der einen Seite fiel die Ausrufung der Nation als Quelle souveräner Autorität mit der Begeisterung für menschliche Freiheit und die Rechte des Individuums zusammen und bestärkte progressive Entwicklungen auf dem ganzen Globus. Gleichzeitig bot sich so den neuen Eliten des Aufklärungszeitalters, die nicht nur in Amerika, sondern auch in Frankreich und anderswo in ihrer Mehrzahl einem „zu viel" an Demokratie skeptisch gegenüberstanden, die Möglichkeit, Fragen des öffentlichen Konsenses und der Demokratie unter Berufung auf die Autorität „der Nation" auszuweichen.

So wurden Institutionen geschaffen, die eben im Namen der Nation „souveräne Autorität ausüben, ohne eine direkte

---

37 Frank Furedi: „Das Gespenst der Demokratie", Novo online, 10.01.2017.

Beziehung zum Volk aufbauen zu müssen". Furedi spricht in diesem Kontext von einer „Idealisierung der Nation" und einer „Vergötzung des Staates". Gleichwohl war es trotz dieser Verzerrungen ab dieser Zeit den politischen Eliten nicht mehr möglich, den Zusammenhang zwischen der Ausübung von Souveränität und der Zustimmung durch die Bevölkerung zu leugnen. Hier liegt für Furedi der entscheidende Schritt nach vorne, den die Französische Revolution markierte.[38]

Wie bereits erwähnt, stieß die Französische Revolution auf heftige Gegenreaktionen bei den Zeitgenossen. Dabei standen nicht nur die Anhänger der alten Ordnung den Prinzipien von Freiheit, Gleichheit und Demokratie ablehnend gegenüber, auch viele Aufklärer und selbst führende Protagonisten der Revolution fürchteten, dass man es mit ihrer Verwirklichung übertreiben konnte. Das verbindende Merkmal der konservativen, linken und liberalen Kritik war dabei die Geringschätzung der intellektuellen und moralischen Fähigkeiten „der Massen".

Um die Skepsis vieler Aufklärer gegenüber der Rolle einfacher Menschen in der Politik zu verstehen, lohnt ein Blick auf deren Interessenlage. Die Aufklärung wird heute von vielen Historikern als Projekt einer kleinen Bildungselite betrachtet, die sich als ökonomisch und politisch zu kurz gekommen betrachtete. Norman Hampson etwa sah in ihr eine Form des „Protests der Gebildeten gegen ihre Ausgrenzung von politischer Macht durch privilegierte Minderheiten, die ihren Herrschaftsanspruch auf Tradition und Überlieferung gründeten."[39] Moderne, universelle Ideale, wie das der

---

38 Ebd.
39 Norman Hampson: „The Enlightenment: An Evaluation of its Assumptions and Va-

Volkssouveränität, wurden von den Aufklärern auch deshalb ins Feld geführt, weil man so breitere Bevölkerungsschichten für den eigenen Kampf gegen die Mächte des Status quo zu mobilisieren hoffte, was für die Verwirklichung der eigenen Interessen unabdingbar war.

Selbst Maximilien Robespierre, der Anführer des „linken" Flügels der Französischen Revolution, hatte eine äußerst geringe Meinung von den intellektuellen Fähigkeiten einfacher Menschen. Seines Erachtens sind Individuen zu schwach, sich gegen den Einfluss von Vorurteil und sozialem Druck zu wehren. Dem Volk mangele es an Denkvermögen, weshalb es „durch das religiöse Empfinden, das der Seele die Idee der Bestätigung moralischer Prinzipien durch eine dem Menschen übergeordnete Macht aufprägt"[40], angeleitet werden müsse. So müsse die zu schwache Vernunftbefähigung gewöhnlicher Bürger zur Wahrung der Einheit der Nation durch den moralischen Kompass einer neu zu gründenden Religion geleitet werden. Auf dem Nationalkonvent am 7. Mai 1794, dem er vorstand, erklärte er, dass „das französische Volk Gott und die Unsterblichkeit der Seele anerkenne" und mahnte, „dieses höhere Wesen anzubeten"[41]. Selbst bei einem der radikalsten Protagonisten der Revolution soll der Glaube die Vernunft und demokratische Teilhabe der Bürger ersetzen.

Auch der Philosoph Jean-Jacques Rousseau, eines der großen Idole Robespierres, der als einer der Hauptbegründer des modernen Ideals der Volkssouveränität gilt, hatte keine besonders hohe Meinung von der Fähigkeit des Volkes, die

lues", Penguin 1982, S. 181.
40 Zit. n. Jonathan Israel: „A Revolution of the Mind: Radical Enlightenment and the Intellectual Origins of Modern Democracy", Princeton University Press 2010.
41 Ebd.

Kontrolle über den Staat zu übernehmen. So schrieb er: „Wenn wir den Begriff im engeren Sinne verwenden, hat es und wird es nie eine echte Demokratie geben. Es verstößt gegen die natürliche Ordnung, dass die Vielen regieren und die Wenigen regiert werden."[42] Zudem glaubte Rousseau, dass eine „demokratische und souveräne Versammlung unweigerlich scheitern und korrumpiert" werden würde, weshalb nicht die öffentliche Debatte, sondern lediglich der Wahlakt das entscheidende Kriterium gelebter Bürgerschaft sei. Nach seinem Demokratieverständnis – von dem Politikwissenschaftler Richard Tuck als nicht-beratende Demokratie bezeichnet[43] – sollen die Bürger „die wahren Gesetzgeber in Grundsatzfragen sein, die weniger wichtigen Fragen aber ihren Vertretern überlassen".[44]

In ihrer Skepsis gegenüber der Vernunft- und Demokratiebefähigung steht den „Linken" Robespierre und Rousseau Edmund Burke, der gemeinhin als Begründer des modernen Konservatismus gilt, erstaunlich nahe. Dieser hat in seinen „Reflections on the Revolution in France" (1790) einen der stärksten intellektuellen Angriffe auf die Französische Revolution und zentrale Ideale der Aufklärung formuliert. Burke sah zwar die Notwendigkeit politischer Reformen, vor allem aber, um die Gefahr weiterer revolutionärer Umbrüche gegen die bewahrenswerte alte Ordnung einzudämmen. Er war ein entschiedener Gegner der liberalen Ideen von demokratischer Teilhabe und Wahlfreiheit. Für ihn war klar, dass die politische Klasse, selbst wenn sie sich

---

[42] Zit. n. Richard Tuck: „The Sleeping Sovereign: The Invention of Modern Democracy?", Cambridge University Press 2016, S. 134.
[43] Richard Tuck: „Democratic sovereignty and democratic government. The sleeping sovereign" in: Bourke / Skinner (Hg.), s. Anm. 3, Kindle Position 4156.
[44] Ebd.

formellen Wahlen unterwerfen müsse, den Massen überge-
ordnet verbleiben müsse, um im Interesse der Nation herrschen zu können.

Der im vorherigen Abschnitt erwähnte Aufklärer Thomas Paine war Burkes großer intellektueller Gegenspieler.
Er wirkte nicht nur aktiv an der Amerikanischen, sondern
auch an der Französischen Revolution mit. So war er als Aus-
länder Mitglied der Französischen Nationalversammlung,
arbeitete mit dem Revolutionsführer Danton einen nicht
verwirklichten Verfassungsentwurf aus und wurde auf
Grund seiner freiheitlichen Positionen fast von einem anderen Revolutionsführer, nämlich Robespierre, guillotiniert.

In seiner Schrift „The Rights of Man" (1791) verteidigt
er leidenschaftlich die Französische Revolution und die ihr
zu Grunde liegenden Prinzipien gegen die Angriffe Burkes.
Die Monarchie sei nicht nur grausam, korrupt und abgewirt-
schaftet, nein, sie müsse vor allem deshalb abgeschafft werden, weil sie auf den falschen Prinzipien beruhe. Nicht Tra
dition, Gottesgnadentum und das Erbprinzip können ein
Gemeinwesen konstituieren, sondern ausschließlich der
Bezug auf die natürlichen, für alle Individuen gleichen Menschenrechte. Aus der prinzipiellen Gleichheit aller Menschen
ergibt sich für Paine zwangsläufig eine demokratische
Staatsform.

Burke hingegen wärmt das seit Aristoteles immer gleiche Argument gegen die Demokratie auf, wonach vor einem
„Massenpublikum die Demagogen besonders gedeihen
können"[45]. Gleichen individuellen Rechten steht er ablehnend

[45] Richard Bourke: „Popular sovereignty and political representation. Edmund Burke
in the context of eighteenth-century thought" in: Bourke / Skinner (Hg.), s. Anm. 3,
Kindle Position 7804.

gegenüber, nicht nur, weil diese gegen die natürliche Ungleichheit der Menschen verstoßen, sondern weil sie einen zerstörerischen Einfluss auf die Gesellschaft haben und letztlich den Keim der Revolution in sich tragen.[46] So sieht Burke in der Erklärung der Menschen- und Bürgerrechte eine „Mad declaration", die vor allem Leid und Krieg über Frankreich gebracht hat.[47] Paine hält dem entgegen, dass die Französische Revolution gerade deshalb zu begrüßen sei, weil dadurch die Menschenrechte endlich verwirklicht werden.[48] Zentral wichtig sind für ihn Freiheit und Gleichheit, das Recht sowie die nationale Souveränität.[49] Dass der zutiefst paternalistisch argumentierende Monarchist Burke bis heute auch vielen Liberalen als wichtiger Vordenker gilt, wohingegen der freiheitliche Demokrat Paine weitestgehend vergessen ist, zeigt, wie anfällig der Liberalismus sich bis heute immer wieder für antidemokratische Ressentiments zeigt.

Konstruktive liberale und demokratische Kritik an einem zu eng mit dem Staat verknüpften Konzept der Volkssouveränität wurde hingegen von Denkern wie Benjamin Constant oder Alexis de Tocqueville geübt. Ihre Kritik, die sich aus einer Analyse der Ergebnisse der Amerikanischen sowie der Französischen Revolution ableiten, speist sich weniger aus der Geringschätzung gegenüber einfachen Menschen oder der Ablehnung des Prinzips der Volkssouveränität, sondern vielmehr aus der Frage, wie man die Demokratie durch die Partizipation möglichst großer Bevölkerungsschichten

---

[46] Ebd., Kindle Position 7828.
[47] Edmund Burke: „The Writings and Speeches of Edmund Burke", Little, Brown & Co. 1901, S. 221.
[48] Paine, s. Anm. 34.
[49] Paine, s. Anm. 34.

stärken und gleichzeitig staatliche Übermacht beschränken kann.

Der französische Adelige Tocqueville kommt nach einer USA-Reise zu einer nüchternen und gleichzeitig sehr optimistischen Einschätzung dessen, was Demokratie ausmacht: „Demokratie gibt dem Volk nicht die geschickteste Regierung, aber sie macht das, was die geschickteste Regierung nicht schaffen kann; sie verbreitet eine unruhige Aktivität durch den gesamten sozialen Körper, eine überreiche Kraft, eine Energie, die nie ohne sie existiert…[Sie] kann Wunder hervorbringen. Das sind ihre wahren Vorteile."[50]

Für Tocqueville ist klar, dass Volkssouveränität mehr sein muss als die bloße Identifikation mit Wahlergebnissen, politischen Führern oder der Autorität des Staates. Damit sich die Bürger mit dem Gemeinwohl identifizieren, müssen so viele wie möglich in „die Verwaltung kleiner Angelegenheiten" eingebunden werden.[51] Es ging ihm dabei nicht um die Abschaffung des Staates, sondern um die Stärkung von Formen der Selbstregierung auf lokaler Ebene, etwa durch den großflächigen Einsatz plebiszitär-demokratischer Elemente.[52] Gleichzeitig solle eine möglichst starke Zivilgesellschaft der Gefahr entgegenwirken, dass die Macht, die mit der Souveränität des demokratischen Staates einhergeht, durch die Passivität der Bürger in Despotismus abgleitet.[53] Nur wenn der Souverän – also die einzelnen Bürger – aktiv am Gemeinwesen teilhaben, kann Demokratie nach Tocquevilles Überzeugung funktionieren.

---

50 Vgl. Alexis de Tocqueville: „Über die Demokratie in Amerika", 1835.

51 Bryan Garsten: „From popular sovereignty to civil society in post-revolutionary France" in: Bourke / Skinner (Hg.), s. Anm. 3, Kindle Position 8965.

52 Ebd., Kindle Position 8975.

53 Ebd., Kindle Position 8992.

Es ist dabei entscheidend, dass der Staat nicht als eine „Vaterfigur" auftritt, die die Gesetze, wie ein Lehrer, von oben herab verfügt. Denn ein solches Vorgehen würde die Bereitschaft der Bürger, Verantwortung für die eigenen Lebensumstände zu übernehmen, genauso schwächen wie eine autoritäre Regierung. Geradezu prophetisch angesichts des aktuell vorherrschenden paternalistischen Staatsverständnisses – von Überregulierung und Verbotskultur – liest sich seine Warnung vor „Schulmeistern" an der Spitze der Regierung: „Ich habe keine Angst, dass sich ihre Oberhäupter als Tyrannen herausstellen werden, sondern als Schulmeister".[54]

Der ebenfalls liberale Schweizer Staatstheoretiker Benjamin Constant interessierte sich vor allem für das seit der Französischen Revolution gewandelte Verhältnis zwischen Staatsmacht und Individuum. Hier ist für ihn die „soziale Autorität" der öffentlichen Meinung gegenüber der politischen Macht der Regierung wichtig, um ein vernünftiges Kräfteverhältnis zu gewährleisten.[55] Ähnlich wie Tocqueville einige Jahre später, spricht er sich für eine Stärkung der lokalen Ebene aus, um so einmal einer politischen Übermacht des Zentralstaats entgegenzuwirken[56], aber gleichzeitig auch, um eine möglichst große Zahl von Menschen und deren persönliche Ambitionen praktisch in die öffentlichen Angelegenheiten einzubinden.[57] Die von Tocqueville und Constant formulierte skeptische Sicht auf ein Übermaß zentralstaatlicher Macht unter dem ideologischen Deckmantel der nationalen Souveränität, für die Namen wie Robespierre und später

---

54 Vgl. de Tocqueville, s. Anm. 50.
55 Garsten, s. Anm. 51, Kindle Position 8943.
56 Ebd., Kindle Position 8823.
57 Ebd., Kindle Position 8967.

Napoleon stehen, ist ein wichtiger Teil des demokratischen Erbes von 1789.

Die Französische Revolution stand am Anfang des „langen 19. Jahrhunderts", jener Epoche von 1789 bis zum Ausbruch des Ersten Weltkriegs 1914, in der nach Auffassung des britischen Historikers Eric Hobsbawm die Moderne entscheidend an Fahrt aufnahm und die durch die Vorherrschaft des Bürgertums geprägt wurde, das den Adel als dominierende Kraft ablöst. Als zweites historisches Großereignis, das unser Verständnis von Demokratie und Souveränität gerade auch in Deutschland dauerhaft verändern sollte und endgültig den Eintritt der Massen in die Politik markierte, kann die „ungewollte"[58] und letztlich gescheiterte Revolution von 1848/49 betrachtet werden.

1848 und die Folgen

Die Erinnerung an den radikalen Freiheitsgedanken von 1848 erscheint in den USA, wohin viele der Protagonisten nach dem Scheitern der Revolution emigrierten und teilweise beeindruckende politische Karrieren absolvierten, lebendiger als hierzulande.[59] Wohingegen die Frankfurter Paulskirchenversammlung als „Wiege der deutschen Demokratie" Eingang in die Geschichtsbücher gefunden hat, obwohl es dem dort dominierenden Besitzbürgertum vor allem um die Eindämmung der demokratischen Bestrebungen in der Bevölkerung und einen Interessenausgleich mit den adeligen Machthabern ging, sind die Namen radikaldemokratischer Revolutionsführer wie Friedrich Hecker, Gustav Struve, Carl

---

[58] Vgl. Wolfgang J. Mommsen: „1848. Die ungewollte Revolution", S. Fischer 1998.
[59] Peter Mathews: „Freiheit als Leitkultur", perlentaucher.de, 07.11.2013.

Schurz oder Franz Siegel weitgehend in Vergessenheit geraten. Ihnen ging es tatsächlich um die Verwirklichung einer auf aufgeklärten Prinzipien fußenden deutschen Nation unter Einbindung aller Bevölkerungsschichten. Das allgemeine Wahlrecht und die unbeschränkte Volkssouveränität sollten der demokratischen Emanzipation des ganzen Volks dienen. „Freiheit, Bildung und Wohlstand für alle", so der populäre Slogan der Revolutionäre, sowie die allgemeine Volksbewaffnung sollten aus Untertanen gleichberechtigte politische Subjekte – Bürger – machen.

Bereits lange vor dem März 1848 war die Lage in den europäischen Imperien, Königreichen und Fürstentümern explosiv. Die Amerikanische und Französische Revolution hatten eine nicht abreißende Kette von Aufständen, Revolten und Revolutionen gegen die monarchische Ordnung nach sich gezogen. Diese Kette reichte von der Haitianischen Revolution (1791–1804), der Irischen Revolution (1798), den lateinamerikanischen Unabhängigkeitskriegen (1808–1833), dem Griechischen Unabhängigkeitskrieg (1821–1832) bis hin zu vielen weiteren revolutionären Aufständen in den 1820er- und 1830er-Jahren – z.B. in Belgien oder Polen. Gerade die 1840er-Jahre waren zudem geprägt von wirtschaftlichen Krisen, auch als Folge der an Fahrt aufnehmenden Industrialisierung, Hungersnöten und gerade in den deutschen Staaten einer wachsenden Unzufriedenheit gegenüber dem repressiven „System Metternich", das die Herrschaft der alten Mächte der „Heiligen Allianz" nach dem Sieg gegen Napoleon ab 1814/15 in Europa absichern sollte.

Als im Februar 1848 in Paris das Volk gegen den sogenannten „Bürgerkönig" Louis-Philippe auf die Barrikaden ging und die Zweite Französische Republik ausgerufen wurde, war dies der Funke, der zu einem revolutionären Flächenbrand führte, der ganz Europa erfassen sollte. Von Italien über Österreich bis nach Polen erhoben sich die Menschen, um für die Ideale nationaler Selbstbestimmung und Demokratie einzutreten. Dabei standen die Revolutionäre oft in regem Kontakt miteinander. Gruppierungen wie das „Junge Europa" strebten unter dem Motto „Freiheit, Gleichheit, Humanität" eine Überwindung des Feudalismus auf dem ganzen Kontinent an. Ihr Ziel war die „Herrschaft der Völker" in unabhängigen und demokratischen Nationalstaaten, die friedlich miteinander kooperieren sollten. Dabei war auch hierzulande die Frage der nationalen Einheit und Unabhängigkeit sehr stark mit der Frage nach demokratischen und rechtsstaatlichen Institutionen verwoben, die mit dem später folgenden imperialistischen oder faschistisch-völkischen Nationalismus nicht vergleichbar ist. In einer Zeit, in der die Kritik am supranationalen Zentralismus der EU oft mit finsterem Chauvinismus und Nationalismus gleichgesetzt wird, ist es wichtig, sich an die enge Verbindung von demokratischer und nationaler Frage 1848 zu erinnern. Tatsächlich begriffen sich die meisten Führer der Radikaldemokraten weitaus mehr als Demokraten denn als Nationalisten.

In Deutschland begannen die Aufstände im März 1848 im relativ liberal geprägten Großherzogtum Baden und breiteten sich von dort im gesamten Deutschen Bund aus. Anführer der hiesigen Aufstände war der charismatische Anwalt und Parlamentarier Friedrich Hecker. In der Tradition von Thomas Paine, für dessen deutsche Ausgabe von „The Rights of Man" er ein Vorwort verfasste[60], sah er sich als „Mann

60 Thomas Paine: „Die Rechte des Menschen : Eine Antwort auf Burke's Angriff gegen die französische Revolution u. zugleich eine Kritik des Wesens u. des Werthes der verschied. bestehenden Regierungsformen", Leipzig 1851.

des Volkes". Hecker und seine Mitstreiter verstanden sich im Vormärz in den Parlamenten und später auf den Barrikaden als Anwälte der Interessen der einfachen Menschen – als Volksvertreter im eigentlichen Wortsinne. Wohingegen die gemäßigten Liberalen ein vormundschaftliches Politikverständnis pflegten. Diese sahen im Volk eine anonyme, tumbe und unwissende Masse, die der Führung einer aufgeklärten Elite bedarf und deren Einfluss auf die Politik beschränkt werden müsse.

Den Demokraten ging es hingegen darum, mit der Bevölkerung in Kontakt zu treten, in Versammlungen aber auch in Kneipen oder auf Volksfesten den „Volkswillen" herauszufinden, um ihn dann im Parlament bestmöglich repräsentieren zu können. So entgegnete Hecker in einer Rede im badischen Parlament im Jahr 1842 einem Abgeordneten mit elitärem Politikverständnis: „Ich möchte von keinem unmündigen Volk gewählt seyn, und keine Kollegen neben mir haben, von denen ich wüßte, daß sie nicht wissen, was sie tun."[61]

Bereits im Laufe der 1840er-Jahre und noch deutlicher während der revolutionären Ereignisse traten die Gegensätze zwischen „linken" Radikaldemokraten und „gemäßigten" Liberalen hervor, die „anfänglich Teil einer liberalen Gesamtbewegung"[62] waren. Die gemäßigten oder konstitutionellen Liberalen, die in Baden im Gegensatz zu Linken und Reaktionären auch als „Neue Mitte" bezeichnet wurden, haben sich die Forderungen der Demokraten immer nur so weit zu eigen gemacht, wie nötig, um gegenüber der bröckelnden Adelsherrschaft die eigenen Herrschaftsansprüche durchzusetzen. Erschreckt von den radikalen sozialen Forderungen, verlangten viele Gemäßigte von der

---

61 Verhandlungen II. Kammer 1842, 4. Protokollheft, S. 44f.
62 Mommsen, s. Anm. 58, S. 92.

Regierung eine möglichst rasche Unterdrückung der revolutionären Bewegung.[63]

Nicht demokratische Mitbestimmung und Volkssouveränität, sondern Presse-, Versammlungs- und vor allem Handelsfreiheit waren die primären Ziele der Gemäßigten, denen es um den Schutz der eigenen Besitztümer und Privilegien ging. Gleichzeitig rückten die Demokraten immer weiter nach links und formulierten neben ihren liberalen Positionen auch Forderungen nach umfassender Umverteilung oder einem radikal-säkularen Staat. Während der Frankfurter Paulskirchenversammlung wurde schnell deutlich, dass sie zwar hohes Ansehen in Teilen der Bevölkerung genossen, hier aber nur die Minderheit stellten.

Den Repräsentanten des Besitzbürgertums und der Beamtenschaft, also der Parlamentsmehrheit (untere Gesellschaftsschichten waren so gut wie überhaupt nicht im Frankfurter „Professorenparlament" vertreten), ging es um Kompromisse mit den Machthabern und die Konsolidierung der von ihnen erreichten Privilegien. Dies bewog die Radikaldemokraten letztlich dazu, den militanten Weg einzuschlagen, um doch noch die „freie Republik" zu verwirklichen. Der Führer der gemäßigten Liberalen in der Frankfurter Nationalversammlung, Heinrich von Gagern, brachte die Interessenlage des Bürgertums auf eine einprägsame Formel: „Den Mittelklassen den überwiegenden Einfluß im Staat zu sichern, ist die Richtung unserer Zeit."[64]

---

[63] Vgl. Mommsen, s. Anm. 58, oder „Die Märzbewegung im deutschen Südwesten und im Rheinland", Geschichtsverein Köngen online.

[64] Wigard: „Stenographischer Bericht", Bd. 7, S. 5303, zit. n. Mommsen, s. Anm. 58.

Letztlich sollte der von Friedrich Hecker in Baden angeführte Aufstand im Jahr 1848 ebenso scheitern wie viele weitere Aufstände, die Deutschland bis in den Sommer 1849 erschütterten. Über die Gründe für das Scheitern der Deutschen Revolution gibt es verschiedene Erklärungsansätze. Neben der zögerlichen Rolle der gemäßigten Liberalen führten manche das Fehlen eines mit Frankreich vergleichbaren politischen Gravitationszentrum wie Paris auf. Von marxistischer Seite wurden die Radikaldemokraten für ihre „naiv-romantische Revolutionsvorstellung" kritisiert, die sie die eigentlichen politisch-ökonomischen Verhältnisse falsch einschätzen ließen.

In jedem Fall war die Gegenwehr durch die Machthaber immens. In Berlin setzte der preußische König (Friedrich Wilhelm IV.) das Militär ein. Am 18. März erteilte er den Befehl, auf eine Menschenmenge zu schießen, die vor seinem Schloss demonstrierte. Nachdem es infolge dieses Vorfalls zu Barrikadenkämpfen gekommen war, versprach er, in einer Erklärung an seine „lieben Berliner", den Rückzug der Truppen aus der Hauptstadt (er selbst floh sicherheitshalber nach Potsdam). Am 20. April wurde auch die „Volksarmee", die Struve und Hecker gegründet hatten, um ihre in Konstanz ausgerufene Republik zu schützen, von 2000 Soldaten der Bundestruppe niedergeschlagen. Als am 1. Mai 1848 die Frankfurter Nationalsammlung in allen Staaten des Deutschen Bundes gewählt wurde, waren die radikalen Kräfte dort nicht mehr vertreten: Zwei Drittel der Abgeordneten waren Akademiker und 15 Prozent entweder Vertreter des Adels oder des Besitzbürgertums. Das Handwerk hatte nur wenige, die Arbeiterschaft gar keine Repräsentanten in der Versammlung.[65]

---

65 Vgl. Mommsen, s. Anm. 58, oder „Deutschland 1848–1850", Geschichtsverein Köngen online.

Nach dem Scheitern der Revolution kam es in Europa zu einer bis dato nicht gekannten Auswanderungswelle, insbesondere auch aus Deutschland. So verließen nach der militärischen Niederlage der Badischen Revolution z.B. fünf Prozent der Bevölkerung, was 80.000 Menschen entspricht, ihre Heimat. Darunter ein Großteil der demokratischen Opposition, von der es wiederum Viele, wie eingangs erwähnt, in die USA zog, wo sie freiheitlich Ideale am ehesten verwirklicht sahen („Ubi libertas, ibi patria", „Wo die Freiheit ist, dort ist mein Vaterland", war einer Leitsprüche dieser in USA als Forty-Eighters bekannten Gruppe deutscher Emigranten).

Auch Friedrich Hecker emigrierte und sollte später im Amerikanischen Bürgerkrieg, wie viele andere deutschstämmige Demokraten, auf Seiten der Unionstruppen für die Abschaffung der Sklaverei kämpfen. Als alter Mann stellte er nach der Rückkehr von einer Reise ins obrigkeitsstaatliche Deutschland in die USA angesichts der dort herrschenden Meinungsfreiheit fest, „daß ich wieder Luft ohne Knebel im Maul atmen kann". Außerdem sei er froh – und auf diese bedeutende demokratische Errungenschaft kann man angesichts der Debatten um den aktuellen US-Präsidenten Trump ruhig mal hinweisen –, wieder in einem Land zu sein, wo „jeder Esel Präsident werden kann".[66]

Die gescheiterte Revolution war eine entscheidende Wegmarke auf dem Weg in die moderne bürgerliche Demokratie. 1848 besiegelte auch hierzulande den Eintritt der Massen, als moderne gesellschaftliche Individuen, in die Politik und ließ den Gegensatz zwischen Besitzbürgertum

[66] Zit. n. Klaus-Peter Klingelschmidt: „Vivat! Hoch! – Die freie Republik! Friedrich Hecker – ein deutscher Mythos", ed.co. 1982.

und besitzlosen Schichten, der in den nächsten Jahrzehnten die Politik bestimmen sollte, klar erkennbar werden. Vor allem die sich konstituierende Arbeiterbewegung und die aus ihr hervorgegangenen Parteien sollten in den nächsten Jahrzehnten ein immer wichtigerer politischer Faktor werden, der – welch Gegensatz zur heutigen Linken! – zentrale demokratische Rechte für breite Bevölkerungsschichten erkämpfen sollte, wohingegen sich die Liberalen in immer stärkerem Maße auf der Seite der Gegner von „zu viel" Demokratie und gleichen Rechten für Alle wiederfinden sollten.

Der bereits in den Debatten um die Amerikanische und Französische Revolution aufflackernde Konflikt über die Rolle des Volks in den politischen Verhältnissen der Moderne sollte so unter veränderten politischen Bedingungen auch die zweite Hälfte des 19. Jahrhunderts bestimmen. Auf der einen Seite standen leidenschaftliche Verteidiger der Demokratie, wie der junge Karl Marx, dem es darum ging „das Selbstgefühl des Menschen, die Freiheit, [...] wieder zu erwecken." Denn „nur dies Gefühl, [...] kann aus der Gesellschaft wieder eine Gemeinschaft der Menschen für ihre höchsten Zwecke, einen demokratischen Staat machen."[67]

Auf der anderen Seite stand die Demokratieskepsis, wie sie beispielsweise vom liberalen Philosophen John Stuart Mill verkörpert wurde. Dessen Meisterwerk „On Liberty" ist für jeden Anhänger der Meinungsfreiheit eine der größten Inspirationsquellen. Die Schattenseite seiner leidenschaftlichen Verteidigung der individuellen Freiheit ist allerdings seine Angst vor einer „Tyrannei der Mehrheit", die ihn in die Nähe der elitären Demokratieverachtung eines Platon oder Aristoteles rückt. Mill führt seine Zweifel an der Demokratie auf

---

[67] Karl Marx im Briefwechsel mit Arnold Ruge in den Deutsch-Französischen Jahrbüchern.

die angebliche „Unwissenheit und insbesondere den Egoismus und die Brutalität der Masse"[68] zurück. Um zu gewährleisten, dass wir eine – im platonischen Sinne – „Regierung der Weisesten"[69] haben, plädiert er für eine Art intellektuelles Zensuswahlrecht, wonach jeder – auch, und hier war er wiederum für seine Zeit sehr progressiv, Frauen – zwar wählen dürfe, die Stimmen von Angehörigen der gebildeten Klassen allerdings höher gewichtet würden.

Der französische Sozialsoziologe Gustave Le Bon sollte der im Bürgertum weit verbreiteten Verachtung der Massen gegen Ende des Jahrhunderts eine wissenschaftlich verbrämte Rechtfertigung liefern. In seinem Werk „Die Psychologie der Massen" rechnete er mit dem kognitiven Vermögen und der Wahrheitsliebe einfacher Menschen ab: „Nie haben die Massen nach Wahrheit gedürstet. Von den Tatsachen, die ihnen mißfallen, wenden sie sich ab und ziehen es vor, den Irrtum zu vergöttern, wenn er sie zu verführen vermag. Wer sie zu täuschen versteht, wird leicht ihr Herr, wer sie aufzuklären sucht, stets ihr Opfer."[70] So gab Le Bon den Sound vor, der die Debatte über die Rolle der einfachen Menschen in der Politik im 20. Jahrhundert maßgeblich mitbestimmen sollte. Aus der jahrtausendealten elitären Angst vor den durch Demagogen leicht verführbaren Massen entwickelte sich die Fragestellung, wie sich die Massen mit Hilfe wissenschaftlicher Methoden am besten steuern und beeinflussen ließen. Anwendung fand dieses Denken dabei nicht nur in den in dieser Zeit entstehenden totalitären Diktaturen, sondern auch in sich liberal und demokratisch verstehenden

---

[68] John Stuart Mill: „Über die Freiheit", 1859.
[69] Ebd.
[70] Gustave Le Bon: „Die Psychologie der Massen", 1895.

Staaten. Dabei sollte die Skepsis gegenüber der Kraft der Aufklärung, wie sie im Le Bon-Zitat anklingt, durch die Katastrophen der ersten Hälfte des 20. Jahrhunderts einen neuen Höchststand erreichen.

Der Niedergang der Demokratie

Alle gesellschaftlichen Umbrüche im 20. Jahrhundert haben effektiv zu einer Schwächung der gesellschaftlichen Basis und zu einer Stärkung des Staatssystems geführt. So erschütterte das Gemetzel des Ersten Weltkriegs das Selbstbild Europas als Zentrum der menschlichen Zivilisation – sowohl in den vermeintlich freien und demokratischen Staaten des Westens als auch in den in Folge des Kriegs neu entstandenen Republiken, die auf den Territorien der unterlegenen Mittelmächte entstanden.

Der Krieg hatte die Eliten, vor allem in Deutschland und Österreich, zutiefst diskreditiert. Er steht als mahnendes Beispiel dafür, wie sehr sich eine Elite irren kann. Besonders hervorzuheben ist die so genannte Intellektuelleneingabe – oder auch Seeberg-Adresse –, die im Juni 1915 verfasst wurde. Mit ihr versuchten namhafte Persönlichkeiten, Einfluss auf die Festlegung der Kriegsziele zu nehmen. Das Deutsche Reich sollte einen Siegfrieden anstreben und sich große Teile Belgiens und Nordfrankreichs einverleiben. Die Petition wurde von 1347 Akademikern unterzeichnet – darunter 352 Universitätsprofessoren.[71]

---

[71] Gordon Craig: „Deutsche Geschichte 1866-1945", C.H. Beck, 1989, S. 316.

Nach dem Krieg löste der Kieler Matrosen- und Arbeiteraufstand die Novemberrevolution aus. Wieder forderten große Teile der Bevölkerung radikale Reformen. Die Monarchie wurde gestürzt, der Kaiser ins Exil geschickt, das allgemeine Wahlrecht eingeführt und die Republik ausgerufen. Doch gleichzeitig verblieb ein Großteil der alten, anti-demokratischen Machteliten in ihren Positionen. Sie sollten von dort aus maßgeblich zum Sturz der ersten Demokratie auf deutschem Boden beitragen.

Von Beginn erwies sich die von blutigen Auseinandersetzungen geprägte Weimarer Republik als unfähig, die Demokratie und die Freiheit der Bürger zu schützen. Es formierten sich radikale Massenbewegungen, um die liberale Demokratie herauszufordern – von rechts der Faschismus und von links der Kommunismus. Hierzu stellt der britische Journalist Mick Hume fest: „Die Eliten beschuldigten die Massen, irregeleitet worden zu sein. Dabei war es die mangelnde Legitimität der formal demokratischen Staaten und die Verachtung, die die Herrschenden dem Volk entgegenbrachten, die diesen Massenbewegungen ihren Reiz verliehen." Er fährt fort: „Die Furcht und der Abscheu der europäischen Eliten gegenüber den Massen in den Zwischenkriegsjahren offenbarte, wie wenig Glauben sie in das demokratische System hatten, für welches sie sich nach ihrer Behauptung doch einsetzten."[72]

Ironischerweise sind heute Nazi-Vergleiche oder Mahnungen angesichts einer angeblich drohenden Wiederkehr „Weimarer Verhältnisse" wieder in Mode gekommen. Es bestehe die Gefahr, dass sich die Massen erneut auf eine

72 Mick Hume: „Revolting. How the Establishment are undermining Democracy and what they're afraid of", London 2017.

ähnliche Art und Weise verführen lassen, wie in den 1920er- und 1930er-Jahren. Solche Analogien hinken gewaltig. Weder die ökonomische noch die politische Situation heute ist mit Weimar zu vergleichen.

Die Nationalsozialisten waren so erfolgreich, weil sie vom politischen Bankrott der alten Parteien der Weimarer Republik profitierten. Aber niemals, selbst bei den schon nicht mehr als frei zu bezeichnenden letzten Wahlen der Weimarer Republik, im Jahr 1933, als Braunhemden bereits auf den Straßen massiven Terror gegen Andersdenkende ausübten und die Preußische Landesregierung durch den damaligen konservativen Reichskanzler und späteren Nazi Franz von Papen übernommen wurde, erhielten die Nationalsozialisten eine absolute Mehrheit der Stimmen. Bei den Wahlen im November 1932 war ihr Stimmenanteil sogar zurückgegangen.

Hitler kam erst durch einen Deal mit dem deutschen Establishment unter Führung von Präsident Paul von Hindenburg an die Macht. Dieses traute den alten Parlamentsparteien nicht zu, die Bedrohung seitens der Kommunisten einzudämmen und Ordnung und Stabilität in der neuen Massengesellschaft wiederherzustellen. Dabei nutzte Hitler den Reichstagsbrand als Gelegenheit, um ein Ermächtigungsgesetz zu fordern, durch das die Regierung vier Jahre lang außerhalb der Verfassung agieren könnte, um so die Probleme Deutschlands zu lösen. Die Zentrumspartei von Papens stimmte für Hitler und ebnete so den Weg in die Diktatur.

Es war also gerade nicht der demokratische „Wille des Volkes", der die Nazis an die Macht brachte. Es war die Entschlossenheit der Mächtigen – Großgrundbesitzer, Großunternehmer, höherer Beamter, Intellektueller und Akademiker

–, die Weimarer Republik und die Demokratie zu zerstören. Hitler nutzte das Momentum eines zusammenbrechenden Staates und zog, laut dem britischen Historiker Ian Kershaw, seine Kraft aus der Verbitterung und Unsicherheit der Mittel- und Oberschicht, die Angst vor der „roten Bedrohung" hatten.[73]

Die weiter oben im Kontext der amerikanischen Verfassungsdiskussion ausführlich zitierte Politikwissenschaftlerin Ingeborg Maus machte im Zusammenhang mit Hitlers „Machtergreifung" darauf aufmerksam, dass das so genannte Ermächtigungsgesetz von 1933, das den Beginn der Nazi-Diktatur markierte, auf juristischer Ebene als Paradebeispiel für die Ausschaltung des Grundsatzes der Volkssouveränität verstanden werden kann. „Als dieses lapidar verfügte, dass ‚Reichsgesetze [...] auch durch die Reichsregierung beschlossen werden können', waren – um dies noch einmal zu betonen – Volkssouveränität und Gewaltenteilung gleichzeitig aufgehoben."[74]

Auf intellektueller Ebene wurde der Weg in den Totalitarismus in der Weimarer Republik durch eine weit verbreitete Demokratieverachtung innerhalb der geistigen Elite vorbereitet. Ein Name soll hier exemplarisch genannt werden: Der Staatstheoretiker Carl Schmitt, ab 1933 NSDAP-Mitglied, stellte 1927 die aufgeklärt-liberale Vorstellung von Souveränität als Gesetzgebungskompetenz der Basis, deren Willen in geregelten, rechtsstaatlichen Verfahren auf die Staatsorgane delegiert wird, kurzerhand von den Füßen auf den Kopf, indem er behauptete: „Souverän ist, wer über den Ausnahmezustand entscheidet"[75]. Er wetterte gegen den

73 Vgl. Ian Kershaw: „Hitler, 1889–1936", DVA 1998.
74 Maus, s. Anm. 31.
75 Carl Schmitt: „Der Begriff des Politischen", Duncker & Humblot 2015.

leeren Formalismus liberaler Verfassungsstaaten, die das Eigeninteresse stärken und ansonsten die Lethargie fördern würden.[76] So sind wir wieder beim übermächtigen Leviathan eines Hobbes gelandet, allerdings ohne jegliche zivilisierende Einhegung durch das Recht. Ein enthemmtes Ungeheuer, das seine Entscheidungsmacht über die Bevölkerung einzig und allein aus überlegenen Gewaltmitteln zieht – eine Geisteshaltung, die die Nazis mit brutalster Konsequenz durchsetzen sollten.

Während die Weimarer Republik letztlich erfolglos um ihr Überleben kämpfte, wirkte auf der anderen Seite des Atlantik Edward Bernays, Großneffe von Sigmund Freud und „Vater der Public Relations". Ihn trieb die Frage, mit welchen Methoden – ähnlich wie Le Bon, den er als ein Vorbild betrachtete – man die Leidenschaften der Massen kontrollieren und steuern könnte. Er teilte viele derselben elitären Vorurteile, die die rechten und konservativen Eliten Deutschlands gegen die Demokratie aufbrachten. Bernays ging es allerdings darum, mit Hilfe der psychologischen Steuerung der Massen das Funktionieren der Massendemokratie zu gewährleisten:

„Die bewusste und intelligente Manipulation der Verhaltensweisen und Einstellungen der Massen ist ein wesentlicher Bestandteil demokratischer Gesellschaften. Organisationen, die im Verborgenen arbeiten, lenken die gesellschaftlichen Abläufe. Sie bilden eine unsichtbare Regierung, welche die wahre Herrschermacht unseres Landes ist."[77] Da die meisten Menschen für Aufklärung und Vernunftargumente nicht

---

[76] Timothy Stanton: „Popular sovereignty in an age of mass democracy. Politics, parliament and parties in Weber, Kelsen, Schmitt and beyond" in: Bourke / Skinner (Hg.), s. Anm. 3, Kindle Position 11723.
[77] Edward Bernays: „Propaganda", 1928.

empfänglich sind, wir auf Grund unserer Natur ohnehin irrational und anfällig für Herdenverhalten sind, ist es die Aufgabe einer aufgeklärten Elite, die Menschen vor sich selbst zu schützen. Durch die wissenschaftlich fundierte „Herstellung gesellschaftlichen Konsenses" („engineering consent") können die Institutionen des liberalen Staats vor demokratiefeindlichen Bedrohungen geschützt werden.[78]

Hier zeigt sich ein Demokratieverständnis, das sich so dermaßen von den normativen Grundlagen der klassischen Theorie der Aufklärung entfernt hat, dass es eher an demokratiefeindliche Haltungen eines Aristoteles oder Platon erinnert. War im Denken der Aufklärung noch das vernunftbegabte, handelnde Subjekt Ausgangspunkt der Begründung für die Demokratie, so soll jetzt der Staat im Namen der Demokratie vor dem Volk geschützt werden. Wenig überraschend gilt Josef Goebbels als großer Fan von Bernays Werk. Gruselig, dass man heutzutage den Eindruck hat, diese Haltung sei bei vielen Politikern und anderen Figuren des öffentlichen Lebens wieder konsensfähig. Wie sagte der ehemalige Bundespräsident und evangelische Pastor Joachim Gauck vor ein paar Jahren doch so schön: „Die Eliten sind gar nicht das Problem, die Bevölkerungen sind im Moment das Problem."[79] Wie zu Beginn des Kapitels erwähnt: Echte Demokratie bleibt bis heute vor allem ein unerfülltes Versprechen.

---

[78] Edward Bernays: „The engineering of consent", University of Oklahoma Press 1968.
[79] Interview mit Bundespräsident Joachim Gauck, „Bericht aus Berlin" (ARD), 19.06.2016.

**DIE KRISE
ALS CHANCE**

Im Vergleich zur ursprünglichen Bedeutung und Funktions-weise der Athener Demokratie wird die heute sehr limitierte Form der repräsentativen Demokratie deutlich. Wie direkt der Zugriff des athenischen Volkes auf die politische Macht tatsächlich war, betont der britische Historiker Paul Cart-ledge. Die Athener, so Cartledge, „verstanden Demokratie sowohl praktisch als auch symbolisch als etwas, das Lenins revolutionär-bolschewistischem Slogan von der ‚Diktatur des Proletariats' entsprach."[1] Der griechische Wortstamm „kra-tos" bedeutet nicht einfach Kontrolle, sondern „zugreifen" oder „packen" und in Kombination mit dem „demos" (Volk) ergibt sich sinngemäß die „Volksherrschaft", die in Athen nach den Regeln einer direkten Demokratie funktionierte.

Die Athener Bürger, unter Ausschluss aller Frauen, Skla-ven und Fremden, hatten nicht nur ein Mitspracherecht, sondern unmittelbare politische Macht. Die Massen, in der Blütezeit der athenischen Demokratie etwa 6000 Bürger, übten die Staatsfunktionen persönlich aus und nicht wie heute indirekt über gewählte politische Repräsentanten. Die Bürger Athens hatten die direkte Kontrolle und Stimmrecht über die Gesetze und Regeln des Stadtstaats. Sie bildeten die Volksversammlungen, die diese Gesetze erließen, und die Volksgerichte. Die meisten öffentlichen Ämter wurden be-setzt, indem unter den in Frage kommenden Kandidaten per Los entschieden wurde. Dies diente dazu, den Einfluss kleiner Interessengruppen zu schwächen, denen es mittels Wahlen leichter gelingt, Kandidaten durchzusetzen, die ihre Inter-essen vertreten. Unter Perikles wurden Diäten für die durch Losverfahren ausgewählten Mitglieder der Volksgerichte wie

---

[1] Paul Cartledge: „Democracy: A life", Oxford University Press 2018, S. 1.

auch des Rats der 500 eingeführt, so dass auch die ärmeren Bürger öffentliche Ämter bekleiden konnten.

Die Athener Demokratie befand sich zwar in einem zähen Kampf gegen ihre internen Gegner, aber sie war über bemerkenswerte eineinhalb Jahrhunderte stabil und entwickelte ihre demokratischen Prinzipien kontinuierlich weiter. Das demokratische Experiment wurde schließlich im Jahr 338 vor Christus durch Philip II. von Mazedonien von außen beendet. Die Volksherrschaft trug dazu bei, Athen voranzubringen. Wie der britische Soziologe Frank Furedi feststellt, „funktionierte die athenische Gesellschaft meistens, weil die Menschen sich mit ihrer Stadt identifizierten". Die Legitimität der gesellschaftlichen Ordnung speiste sich nicht aus der Autorität einer Elite, sondern die Autorität lag in „den Menschen und ihren Meinungen, die sie über die Volksversammlung und andere öffentliche Einrichtungen ausdrückten".[2]

Wie wir gezeigt haben, ist die Geschichte der repräsentativen Demokratie die eines kontinuierlichen Kampfes. Das Bestreben der wirtschaftlich und politisch Mächtigen lag immer darin, die Repräsentanten des Staates von der Verwurzelung im Volk zu lösen. Es ging ihnen immer darum, „kratos", also die Macht, vom „demos", dem Volk, zu trennen. Heute können wir jedoch nicht einfach zu den Demokratieregeln der direkten athenischen Demokratie zurückkehren. Wir müssen versuchen, moderne Formen zu entwickeln, die das politische System gleichzeitig repräsentativer und demokratischer machen.

Es gibt keine technische Lösung für das Problem der Demokratie. Die Demokratie wird von der politischen Kultur getragen. Sie gerät unter Druck, wenn im politischen Leben

2   Frank Furedi: „Authority: A Sociological History", Cambridge University Press, 2013 S. 44.

Idee und Geist der Demokratie an Vitalität verlieren. Und sie entwickelt sich weiter, wenn für das Recht, die Möglichkeit und die Befähigung aller Bürger, sich an der politischen Willensbildung zu beteiligen und realen Einfluss zu nehmen, gestritten wird.

Die Geringschätzung der Wähler

Die größte Hürde für den Ausbau der Demokratie ist das fehlende Vertrauen in die Weitsicht und Rationalität der Wähler. Die wohl größte Sorge der liberalen Öffentlichkeit besteht in der Angst vor der Tyrannei der Mehrheit, vor der die Vertreter des klassischen Liberalismus wie Alexis de Tocqueville[3] und John Stuart Mill warnten und die sich heute auch in der Angst vor dem Populismus äußert. Rückschrittliche Meinungen der Mehrheit bis hin zum offenen Hass und Gewalt, so die verbreitete Befürchtung, könnten sich gegen Minderheiten wie etwa Migranten richten. Auf diese in der Öffentlichkeit weit verbreiteten Ängste versuchten sich viele Parteien in Deutschland während der Wahl zum EU-Parlament im Mai 2019 zu beziehen, indem sie diese sogar weiter befeuerten. Dabei ging es längst nicht mehr nur um den Schutz von Minderheitenrechten, sondern um die Abwehr unliebsamer politischer Meinungen wie z.B. die Kritik an der EU. Es kam zu einer regelrechten Wählerbeschwörung, in der die Wahl zu einer Richtungswahl und oft sogar zu einer Schicksalswahl für Europa stilisiert wurde. Nationalisten und Populisten in allen

---

[3] Alexis de Tocqueville: „Über die Demokratie in Amerika", Reclam, 1985; Abschnitt 9: „Die Allmacht der Mehrheit und ihre Wirkungen", S.139f.

Ländern wollten „Europa zerstören", so die verbreitete Warnung. Daher gelte es, Farbe zu bekennen für die gemeinsame Zukunft. Bundespräsident Frank-Walter Steinmeier, der kurz vor der Wahl noch einmal diejenigen mit progressiver Gesinnung motivieren wollte, zur Wahl zu gehen, sagte, „Europa hochhalten" sei zwar manchmal anstrengend, „aber verdammt wichtig".[4] In einem Appell, den er mit 20 weiteren Präsidenten anderer EU-Staaten zuvor veröffentlicht hatte, wurde ein „geeintes Europa" beschworen, für das alle mit ihrer Stimme „Verantwortung übernehmen" müssten.[5]

Statt sich offen mit davon abweichenden Meinungen auseinanderzusetzen, wurden große Teile der Wählerschaft diskreditiert, indem ihnen eine rückständige Gesinnung unterstellt wurde. Gebetsmühlenartig wiederholten Politiker, so auch der CSU-Spitzenkandidat der EVP Manfred Weber, ihre Warnungen vor dem Erstarken populistischer und nationalistischer Kräfte. Zum Abschluss des Wahlkampfes mahnte Weber in München: „Dieses Europa, das wir heute haben, ist das beste Europa, in dem wir jemals leben durften", und ergänzte in einem Ton, der auf die Machtfülle des von ihm angestrebten Postens als EU-Kommissionspräsident abhob: „Ich lasse nicht zu, dass es von Nationalisten von links und rechts uns wieder weggenommen wird".[6] Um dieser Entwicklung einen Riegel vorzuschieben, hatte Weber bereits zuvor gefordert, man solle allen EU-feindlichen Parteien kein Geld mehr zukommen lassen. Schamlos wendete er sich so im Namen der Demokratie gegen das Prinzip der Meinungsfreiheit.

4   „Wahlaufruf des Bundespräsidenten in den Sozialen Medien", Bundespräsidialamt online, 24.05.2019.
5   „Europa ist die glücklichste Idee, die wir je hatten", F.A.Z. online, 08.05.2019.
6   „Kühnert spricht von ‚politischem Gaffertum' nach der Wahl", Welt online, 29.05.2019.

In einem Interview sagte er: „Diese europafeindlichen Parteien bezahlen mit den EU-Geldern der Steuerzahler Wahlkämpfe, Aktionen und Plakate, deren Ziel es ist, die EU abzuschaffen."[7]

Die SPD-Europa-Spitzenkandidatin Katarina Barley tönte ganz ähnlich, als sie bei ihrem Wahlkampfabschluss in Trier vor einem Votum für rechte Populisten warnte: „Sie können alles kurz und klein schlagen, aber sie haben nicht den geringsten Schimmer, wie man wieder etwas aufbaut". In die Kategorie verachtungswürdiger Populisten stufte sie auch die kurz vor der EU-Wahl gegründete britische Brexit-Partei ein. Sie tat dies, obwohl die Brexit-Partei den zu diesem Zeitpunkt vorliegenden Prognosen zufolge etwa 37 Prozent der in Großbritannien abgegebenen Stimmen erreichen würde – eine eindrucksvolle Bestätigung des demokratischen Brexit-Votums von vor drei Jahren. Mit erhobenem Zeigefinger erkannte sie darin die Ignoranz und Dummheit der britischen Wähler und behauptete, der Brexit zeige, „was passiert, wenn man den Populisten Macht gibt".[8] Anders formuliert: was passiert, wenn man das Volk abstimmen lässt.

Keine Garantien, aber große Chancen

Demokratie ist, insbesondere aus Sicht des Establishments, mit Risiken verbunden. Die Mehrheit kann unvorhersehbare und unwillkommene Entscheidungen treffen. Im Gedicht „Der Zauberlehrling" beschreibt Goethe, welche Risiken damit

---

7 „Manfred Weber (CSU) will den Geldhahn für europafeindliche Parteien zudrehen", Wallstreet online, 27.03.2019.
8 „Vor Europawahl: Union und SPD warnen vor Nationalisten", Hamburger Abendblatt online, 25.05.2019.

verbunden sind, wenn Menschen frei und autonom handeln. Hier führt der Versuch des Lehrlings, gegen die Herrschaft des Meisters aufzubegehren und selbstständig zu handeln, aufgrund massiver Kompetenzdefizite ins Chaos. Erst die Besinnung auf die alte Autorität und die ursprüngliche Ordnung rettet die Situation. Wenn dem demokratischen Prinzip erst einmal Geltung verschafft worden ist, wird es weder den Wünschen noch den Befehlen einzelner Gruppen gehorchen, auch wenn diese noch so sehr überzeugt sind, dass sie doch besser wissen, was für das Volk das Beste wäre. Jede öffentliche Auseinandersetzung, etwa über Einwanderung oder die Nutzung von Gentechnik, kann sich in die eine oder die andere Richtung entwickeln. Aber so ist das Prinzip der Demokratie, denn wenn ein bestimmtes Ergebnis garantiert werden könnte, bräuchte es keine Abstimmungen oder Wahlen. Viele, denen demokratische Entscheidungen der jüngsten Zeit nicht in den Kram passen, verweisen auf die Wahl Donald Trumps oder die Brexit-Entscheidung als Beleg für das zu große Risiko der Befragung gewöhnlicher, verführbarer Menschen. Doch in beiden Fällen, hatten die Wähler Gründe für ihre Entscheidung. Trump wurde gewählt, weil die Alternative, Hillary Clinton, vielen als noch unattraktiver erschien. Und der Brexit war Ausdruck einer Revolte gegen die abgehobene, bürgerferne Politik der EU. Die Mahner vergessen zudem, dass sich nicht nur die Mehrheit, sondern auch – und erst recht – eine Minderheit irren kann.

Geschichtliche Perioden, in denen es gelang, demokratischen Ideen Geltung zu verschaffen, fallen mit Blütezeiten des menschlichen Schaffens und der kulturellen Entwicklung zusammen. Das gilt neben dem antiken Athen ebenso für die italienische Renaissance, aber auch für die Moderne. Eine dynamische Version von Demokratie, die dem Athener

Vorbild nahe kommt, stärkt die kreativen Energien der Menschen, so der britische Publizist Mick Hume. Die Menschen werden „ermutigt, am öffentlichen Leben teilzuhaben und Verantwortung für ihre Entscheidungen zu übernehmen. Denn sie sehen, dass das, was sie tun und sagen […] zählt. Es ist ein fundamentales Element unserer Humanität, souveräne Bürger zu sein, die über das eigene Leben und die Gesellschaft bestimmen", so Hume.[9]

Wenn wir Verantwortung für Entscheidungen übernehmen, deren Konsequenzen wir individuell oder als Gesellschaft selbst tragen müssen, sind wir gezwungen, uns je nach Tragweite der Entscheidung sehr genau mit den möglichen Konsequenzen auseinanderzusetzen. Wir werden dann versuchen, die aus der Umsetzung vermutlich resultierenden Konsequenzen zu verstehen und unsere Entscheidung gut abzuwägen. Jede individuelle oder kollektive Entscheidung, etwas zu verändern, stellt ein gewisses Wagnis dar, denn es führt so zu einem Experiment, dessen Ausgang auch aufgrund komplexer Zusammenhänge in der Regel nicht vollständig vorhergesagt werden kann. Ohne Test bleibt aber alles Spekulation. Wir werden uns mit erwarteten, oft aber auch unerwarteten Auswirkungen auseinandersetzen müssen. Schwer verdaulich ist die Tatsache, dass wir hauptsächlich durch Fehler dazulernen. Gerade wenn Dinge nicht exakt so verlaufen wie geplant, zeigt sich, an welcher Stelle unser Wissen noch unvollständig war. Der Fehlschlag bietet die Chance zu weiterer Erkenntnis. Das geistige und kulturelle Niveau der gesamten Gesellschaft steigt umso stärker, je

9 Mick Hume: „Revolting – How the Establishment are undermining democracy and what they're afraid of", William Collins 2017, S. 92.

mehr Menschen sich aktiv an den wichtigen Entscheidungsprozessen beteiligen.

Durch die Entwicklung der Demokratie im antiken Athen erreichte das Volk historische Fortschritte auf allen möglichen Gebieten der Kultur sowie die wirtschaftliche und politische Stärke, für die die Goldene Zeit des Perikles berühmt ist. Gleiches gilt für die Republiken der italienischen Renaissance und die Aufklärung, wo die Stärkung individueller Autonomie und der Kampf für Freiheit und Demokratie die menschliche Kreativität entfachte. Diese Beziehung zwischen Fortschritt und Volksherrschaft erkannte der Philosoph und Humanist der italienischen Renaissance, Niccolò Machiavelli, schon vor fünfhundert Jahren. Er stellte fest, dass Städte, in denen die Macht in den Händen des Volkes lag, in kurzer Zeit schnellen Fortschritt erreichten, während die von Fürsten beherrschten zurückblieben. Dies, so Machiavelli, „kann seinen Grund in nichts anderem haben als darin, dass die Völker besser regieren als die Fürsten."[10]

Eine demokratische Kultur, die alle dazu ermutigt, sich durch öffentliche Meinungsbildung und Entscheidungsfindung am Gemeinwesen zu beteiligen, anstatt wie heute eher zur Passivität zu verführen, ist eine gute Absicherung gegen schlechte Entscheidungen. Die Verschiedenheit der Handlungsweisen von Menschen, egal ob Fürsten oder Mitglieder des Volkes, „rührt nicht aus der Verschiedenheit ihrer Natur her, denn diese ist bei allen dieselbe", so Machiavelli. „Ein Volk, das herrscht und wohlgeordnet ist, wird beständig, klug und dankbar sein, nicht weniger als ein Fürst oder mehr als ein Fürst, würde er auch für weise geachtet; und auf der anderen Seite wird ein nicht an die Gesetze gebundener Fürst

---

[10] Niccolò Machiavelli: „Discorsi. Vom Staate", Nikol 2017, Kap. 58, S. 154.

in höherem Maß undankbar, veränderlich und unklug sein als ein Volk." Man werde daher, so Machiavelli weiter, „beim Volke weniger, kleinere und leichter zu bessernde Fehler finden als beim Fürsten."[11]

Auch die Humanisten der Aufklärung, beispielsweise Adam Smith und Immanuel Kant, ließen keinen Zweifel an der Fähigkeit aller Menschen, ethisch, moralisch und vernünftig zu handeln und Gesellschaften aufzubauen, die von diesen Prinzipien durchdrungen sind. Ein zentraler Baustein ist der maßgeblich von Immanuel Kant geprägte Autonomiebegriff. Autonomie wird von ihm als Möglichkeit und Aufgabe des Menschen gesehen, sich selbst als freiheits- und vernunftfähiges Wesen zu bestimmen und frei und moralisch zu handeln. Die menschliche Autonomie ist, wie Kant erklärte, die Grundlage, um aus der bis dahin gesellschaftlich bestimmten oder gar freiwilligen „Unmündigkeit" herauszutreten. „Sapere aude! Habe Muth, dich deines eigenen Verstandes zu bedienen! ist also der Wahlspruch der Aufklärung", so Kant.[12]

Adam Smith zeigt in seiner „Theorie der ethischen Gefühle" von 1759, dass die Menschen zur Sympathie fähig sind und sich in ihr Gegenüber hineinversetzen können. Jeder Mensch kann sich demnach ein ethisches Werturteil über die Interaktion zweier Menschen (also der eigenen Interaktion mit einem anderen Menschen) bilden, indem er diese aus Sicht eines vorgestellten unparteiischen Zuschauers beurteilt. Alle Menschen sind also nicht nur zu ethischem Handeln befähigt, sondern sie werden durch ihr eigenes

[11] Ebd., Kap. 58, S. 152, 154.
[12] Immanuel Kant: „Beantwortung der Frage: Was ist Aufklärung?" in: Berlinische Monatsschrift 2/1784, S. 481–494.

ethisches Werturteil ständig in ihren Handlungen geleitet. Das Misstrauen gegenüber der humanistischen Prämisse, wonach alle Wähler in der Lage sind, sich eine unabhängige Meinung zu bilden und den vernünftigsten Ideen zu folgen, führt oft dazu, einer offenen Auseinandersetzung und Diskussion auch über knifflige Fragen auszuweichen und diese an Expertengremien zu delegieren. Expertenwissen aber hat nichts mit moralischer Urteilsfähigkeit zu tun. So kann auch der beste Fachmann und klügste Wissenschaftler eine grundlegend falsche moralische Entscheidung treffen wie z.B. die Debatte über die Eugenik im 20. Jahrhundert, die von zahlreichen Wissenschaftlern befeuert wurde, zeigt.

Aber auch die starke Neigung, unliebsame Meinungsäußerungen zu unterbinden oder zu ignorieren, resultiert aus diesem negativen Menschenbild. Die freie öffentliche Meinungsäußerung ist jedoch eine unabdingbare Voraussetzung eines freien Meinungsbildungsprozesses und daher der Demokratie. Die bedingungslose Verteidigung der Meinungsfreiheit ist ein wichtiger Teil einer politischen Kultur, in der die Idee und der Geist des demokratischen Prinzips zum Ausdruck kommen.

Krise des Subjekts

Die Humanisten der Aufklärung erkannten, dass die Menschen ihre eigene Geschichte machen und die Geschichte daher, wie es sowohl Georg Wilhelm Friedrich Hegel, der wichtigste Vertreter des deutschen Idealismus, als auch die Materialisten Karl Marx und Friedrich Engels später formulierten, nicht ein „wüstes Gewirr sinnloser Gewalttätigkeiten" ist, sondern einen Entwicklungsprozess darstellt.[13] Trotz aller menschlichen Defizite und Abgründe sahen sie die positiven Seiten des menschlichen Wesens, und sie erkannten eine aktive und kreative Seite, die von Vernunft und moralischem Verhalten geprägt ist.

Heute hingegen dominiert ein anderes Menschenbild und es besteht die Tendenz, eher die negativen Eigenschaften der Menschen in den Vordergrund zu stellen. Menschen erscheinen nicht mehr als Problemlöser, sondern, z.B. infolge ihres Konsumverhaltens oder ihrer Inkompetenz selbst als Problem: „Die Menschen handeln anscheinend nicht als verantwortliche Subjekte. Es sind Getriebene und Verblendete, gefangen in Wahnvorstellungen, Ohnmacht oder schädlichen Verhaltensmustern; sie brauchen Hilfe. Entweder müssen sie geschützt werden oder wir vor ihnen. Alle produktiven und erfreulichen Aspekte des Menschseins sind hier eliminiert. Was wir sehen, ist ein erbarmungswürdiges Wesen, das geradezu nach Intervention schreit. Dass die Menschen so nicht wirklich sind, hilft nicht viel, da diese Bilder heute die mediale Selbstwahrnehmung unserer Gesellschaft stark prägen."[14]

Staat und Politik sind daher dazu übergegangen, die Wähler in erster Linie in ihrer Eigenschaft als Konsumenten anzusprechen und sie zu einem verantwortungsvollen Lebensstil zu motivieren: weniger fliegen, weniger Fleisch, weniger Plastik usw. Andererseits erscheinen sie als Opfer sozialer und persönlicher Umstände, denen durch staatliche

---

[13] „Herrn Eugen Dührings Umwälzung der Wissenschaft", Marx-Engels-Werke, Bd. 20, Dietz Verlag, S. 23.
[14] Sabine Beppler-Spahl et al: „Freiheitsmanifest", 2013, freiheitsmanifest.de.

Umverteilungspolitik zu sozialer Gerechtigkeit oder zumindest zu gesellschaftlichem Respekt verholfen werden soll.

Politik und staatliche Institutionen zielen heute darauf ab, die Menschen zu korrektem Verhalten zu motivieren, in dem sich diese möglichst freiwillig, andernfalls durch gezielte Verhaltensbeeinflussung etwa durch Nudging oder notfalls auch durch regulatorische Maßnahmen wie Verbote und Vorschriften, moralischen Imperativen unterordnen. Diejenigen, die es in glaubwürdiger Weise schaffen, diese moralischen Imperative zu adressieren, sind in der Lage, daraus Legitimität zu ziehen. Staat und Politik nutzen diese Themen in dem Versuch, den bei vielen anderen Themen erkennbaren Autoritätsverlust möglichst auszugleichen.

Legitimität entsteht bei den derart aufgegriffenen Konsumthemen aus zweierlei Quellen. Einerseits schlüpfen Staat und Politik in die Rolle des Vertreters der Interessen zukünftiger Generationen, andererseits werden sie zu Protagonisten eines moralisch besseren Lebensstils, den die große Masse der Bevölkerung noch nicht hinreichend angenommen hat. Typisch hierfür ist die oft despektierliche Art und Weise, wie auf den Konsumstil vor allem sozial Schwächerer oder bildungsferner Schichten herabgeblickt wird. Indem etwa Gesundheitsprobleme auf schlechte Ernährung zurückgeführt werden, erscheint es richtig, die Menschen vor ihrer eigenen Unzulänglichkeit und Uninformiertheit zu schützen. Wenn es der vermeintlich aufgeklärten Elite gelingt, auf unerwünschte Verhaltensweisen in der Bevölkerung hinzuweisen und diejenigen zu problematisieren, die nicht den Anforderungen eines moralischen oder einfach als gesund empfundenen Lebensstils entsprechen, erhöhen sie sich gegenüber den einfachen Menschen und erteilen sich in ihrer Funktion als Volkserzieher selbst Legitimation. Regulierungsfreunde sehen typischerweise sich selbst als durchaus in der Lage, die richtigen Entscheidungen zu treffen. Den anderen jedoch, den normalen Wählern, die von einer aufgeklärten Elite vor sich selbst geschützt werden sollen, wird diese Fähigkeit gerne abgesprochen.[15] Dieses Bild hat sich in den letzten Jahrzehnten zunehmend verfestigt. Es stellt bis hinein in Fragen der persönlichen Lebensführung die Fähigkeit der Bürger als autonom handelnde Individuen in Frage. Wenn Jemandem nicht einmal die Fähigkeit zugesprochen wird, in Fragen der eigenen Ernährung richtig zu entscheiden, wie soll der dann die Regierung wählen oder über Gesetze abstimmen? So unterminiert der Lebensstil-Paternalismus indirekt auch den legitimen demokratischen Anspruch der Wähler, als ein politischer Souverän adressiert und behandelt zu werden.

Die herablassende Art und Weise, in der die Bürger betrachtet und behandelt werden, erstreckt sich auch auf Bereiche, in denen sie unmittelbar als Wähler auftreten. So wurde schon die Entscheidung des damaligen britischen Premierministers James Cameron, ein Referendum zur EU-Mitgliedschaft abzuhalten und somit eine solch wichtige Entscheidung den Wählern zu überlassen, als großer Fehler hingestellt.[16]

Typisch für diese Reaktion der deutschen Medien auf den überraschenden Brexit, mit dem sich die britischen Wähler gegen den ausdrücklichen Wunsch ihres Establishments zum Verbleib in der EU gewendet haben, war ein Kommentar von Klaus-Dieter Frankenberger in der F.A.Z.: „Der neue ‚Tag der Unabhängigkeit', den die EU-Gegner großspurig

---

15 Ebd.
16 Sabine Beppler-Spahl: „Brexit. Demokratischer Aufbruch in Großbritannien", Parodos 2019.

angepriesen haben, damit an vergangene Größe erinnernd, wird vielleicht als Tag des größten Irrtums Britanniens in die Geschichte eingehen, der Tag, an dem Hass und Unwahrheit den gesunden Menschenverstand verdrängt haben. [...] Der Nationalismus ist zurückgekehrt mit einer Wucht, die viele sich nicht mehr vorstellen konnten."[17] In die Reihe derer, die ein moralisches Problem der britischen Wähler erkannten, reihte sich auch der damalige Präsident des EU-Parlaments und spätere SPD-Kanzlerkandidat Martin Schulz ein. Die Austrittsentscheidung zeige ein niedriges moralisches Niveau der Wähler, denn Egoismus und fehlende Solidarität zeichne deren Entscheidung aus. Unmittelbar nach der Brexit-Entscheidung beschrieb er das Denken der Brexit-Wähler wie folgt: „Die Interessen meines Landes sind mir wichtig, das Gemeinschaftsinteresse ist mir nicht wichtig, [...] das ist [...] die Linie, die gerade in Großbritannien eine Mehrheit bekommen hat".[18] Derartige Bewertungen laufen darauf hinaus, den britischen Wählern die Reife abzusprechen, wirklich wichtige politische Entscheidungen treffen zu können. Die Vorstellung, dass sich die britischen Wähler, trotz aller Nachteile und Unsicherheiten, bewusst gegen den Verbleib in der EU entschieden haben, erscheint den Kritikern gänzlich unmöglich.

Die Gemütslage ist leider keine grundsätzlich andere, wenn es um die deutschen Wähler geht. So hat der mutmaßlich von einem Rechtsextremen am 2. Juni 2019 begangene Mord an dem hessischen Regierungspräsidenten Walter Lübcke zu einer heftigen Diskussion über die Ursachen geführt.

---

17 Klaus-Dieter Frankenberger: „Die neue Wucht des Nationalismus", F.A.Z. online, 24.6.2016.
18 Zit. n: Sabine Beppler-Spahl, s. Anm. 21, S. 102.

Die CDU versuchte in ihrer Stellungnahme, die Wähler durch eine deutliche Warnung vor sich selbst zu schützen und gleichzeitig denjenigen, die dennoch AfD wählen, ein niedriges moralisches Niveau zu attestieren. Wer AfD wählt, nehme die Ermordung von Menschen billigend in Kauf, so die Kernaussage des Textes: „Die geistigen und sprachlichen Propagandisten von Hass und Ausgrenzung haben den Weg zur Gewalt bereitet. […] Wer die AfD unterstützt, muss wissen, dass er damit bewusst auch den rechtsradikalen Hass und die Hetze, extreme Polarisierung und persönliche Diffamierungen in Kauf nimmt. Und wir wissen, wie persönliche Diffamierungen letztlich zu Morddrohungen, Gewalttaten bis hin zum Mord führen können."[19]

In diesen Sichtweisen reflektiert sich eine lange demokratieskeptische Tradition. Die negative Sicht auf den Wähler ist nicht unbedingt ein bewusster Angriff auf die Demokratie, sondern eher eine kulturelle Grundannahme. Sie wird zusätzlich dadurch verschärft, dass das vom Humanismus der Aufklärer getragene positive Menschenbild heute nur noch sehr selten verteidigt wird und insofern nur noch schwach leuchtet.

Wähler raushalten

Die heute allgemein geteilte niedrige Bewertung der moralischen Qualitäten der großen Masse des Volkes lässt es weise erscheinen, die Demokratie eher zu limitieren als deutlich auszuweiten. Wir haben in den ersten beiden Kapiteln aufgezeigt, mit welchen Argumenten und Ideen die Limitierung

---

[19] „Präsidium und Bundesvorstand der CDU Deutschlands zum Tod von Walter Lübcke", CDU online, 24.06.2019.

des demokratischen Einflusses begründet wird und wie diese sich teilweise auch hinter unserem Rücken vollzieht. So haben diejenigen staatlichen Institutionen, die am weitesten der demokratischen Kontrolle durch den Bürger entzogen sind, die größten Machtzuwächse zu verzeichnen. Dies betrifft die Gerichte auf nationaler wie auch auf europäischer Ebene, die EU im Allgemeinen aber auch die Bundesregierung mitsamt der von ihr eingerichteten Kommissionen, die zum großen Teil mit nichtgewählten Experten aus NGOs, Unternehmen oder staatlichen Institutionen besetzt werden. Nicht gewählte Expertengremien prägen die wichtigsten gesellschaftlichen Entscheidungen maßgeblich und bereiten diese vor, noch bevor der formale, öffentliche Gesetzgebungsprozess einsetzt. Die vom Volk gewählten Repräsentanten im Bundestag haben bei wichtigen politischen Entscheidungen kaum noch eine gesetzgeberische Funktion, sondern werden oft auf die Zustimmung von zuvor auf EU-Ebene oder in nationalen Kommissionen vorbereitete Gesetzesvorlagen reduziert, was eine in der Regel sehr begrenzte öffentliche Debatte und Kontroverse mit sich bringt.

Faktisch reproduziert diese Herangehensweise den antidemokratischen Charakter der Institutionen der EU auch auf nationaler Ebene. Durch diese Gesetzgebungspraxis stirbt die Demokratie einen langsamen Tod. Den Wählern wird durch die Art und Weise der Entscheidungsfindung die Möglichkeit genommen, diese und die dahinter liegenden Argumentationen nachzuvollziehen und dem eigenen Urteil zu unterwerfen. Die EU-Institutionen sind der ideale Rahmen zur Abschirmung der Eliten vor dem Einfluss der Wähler. Die Entscheidungen sind intransparent, viele Entscheider sind gegenüber dem Wähler nicht rechenschaftspflichtig und können in den meisten Fällen nicht abgewählt werden.

Zudem gibt es zu den Entscheidungen üblicherweise keine öffentliche Auseinandersetzung, in der sich die Wähler zumindest eine eigene Meinung bilden könnten. Hinzu kommt, dass einmal getroffene Entscheidungen praktisch nicht mehr revidierbar sind und somit die Möglichkeit genommen wird, Entscheidungen, die sich als falsch oder nachteilig herausgestellt haben, wieder zu korrigieren.

Entpolitisierung staatlichen Handelns

Das Herausdrängen der Wähler und ihrer Repräsentanten aus der politischen Machtsphäre bewirkt eine zunehmende Abkapselung staatlicher Institutionen vom Volk als politischen Souverän. Einerseits erodiert der in einer repräsentativen Demokratie ohnehin limitierte Einfluss des Wählers, weil die Rolle des Bundestags als gesetzgebendes Organ und insbesondere die Initiativfunktion des Parlaments als Gesetzgeber ausgehöhlt wird. Wie beschrieben, spielen unter anderem die EU-Institutionen und die Exekutive in Gestalt der Bundesregierung eine immer bedeutendere Rolle in der Gesetzgebungsvorbereitung. Hinzu kommt, dass andere staatliche Institutionen, die dem Einfluss des Wählers praktisch vollkommen entzogen sind, einen kontinuierlichen Machtzuwachs verzeichnen. Wichtige gesellschaftliche Entscheidungen werden mit dem Hinweis auf die Unvernunft der Wähler, bei denen vermeintlich kurzfristige Interessen im Vordergrund stünden, dem politischen Prozess entzogen und – wie beispielsweise bei der 2009 eingeführten Schuldenbremse – festen Regeln unterworfen. Oft wird die Entscheidungsfindung mit dem Argument, den Einfluss von Partikularinteressen zu minimieren, an mehr oder weniger unabhängige

Kommissionen, supranationale Gremien und an Gerichte übertragen. Diese Institutionen seien angeblich besser geeignet, ein globales, europäisches oder allgemeines Menschheitsinteresse zu vertreten. Vom Einfluss des Wählers isoliert und starren Regeln folgend, werden wichtige Entscheidungen auf diese Weise entpolitisiert.

Diese Abkapselung des Staates vom demokratischen Prozess birgt zwei grundlegende Risiken. Erstens werden auf diese Weise wichtige Entscheidungen mitunter von sehr wenigen Menschen getroffen, die, trotz oder gerade wegen ihres Selbstverständnisses als Experten, grundlegend irren und folglich schädlichere Entscheidungen treffen können, als das Volk es kann. Zweitens besteht das Risiko, dass Partikularinteressen stärker zur Geltung kommen. Ein institutionelles Gefüge, das keiner Rechenschaftspflicht gegenüber dem Wähler unterliegt und von öffentlicher und demokratischer Meinungsbildung abgeschottet ist, ist leichter im Sinne einflussreicher Kreise manipulierbar. Wären die Entscheidungsprozesse in Brüssel nicht anfällig gegenüber Einflussnahme von außen, wäre Brüssel nicht randvoll mit Lobbyisten.

Die Entpolitisierung und der damit einhergehende schleichende Rückzug der Demokratie ist in vielen Bereichen weit fortgeschritten. Besonders ausgeprägt ist sie bei wirtschaftlichen Themen. Während die Entscheidungen darüber, wie genau die gesellschaftliche Wohlstandsproduktion erfolgt, im Rahmen der Marktwirtschaft ohnehin schon weitgehend den autonom agierenden Unternehmen vorbehalten bleibt, entziehen sich nun obendrein staatliche Regulierungen und wirtschaftspolitische Aktivitäten immer deutlicher dem demokratischen Einfluss. Die Entpolitisierung ist bereits so weit fortgeschritten, dass die ins Stocken geratene gesellschaftliche

Wohlstandsproduktion, aus der sich die vieldiskutierten sozialen Schieflagen ergeben, kaum mehr Gegenstand öffentlicher Auseinandersetzung ist. Unterschiedliche Modelle zur Erzielung eines höheren Wirtschaftswachstums existieren kaum noch. Die politische Debatte widmet sich daher fast ausschließlich der Frage, wie die Verteilung des stagnierenden Wohlstands „sozial gerecht" erfolgen kann. Die Wähler sind inzwischen praktisch vollkommen ihrer Einflussnahme auf die wirtschaftliche Entwicklung beraubt, obwohl diese entscheidend ist für die Entwicklung des materiellen Wohlstands und den daraus resultierenden individuellen und kollektiven Freiheiten. Die sich aus dieser Entdemokratisierung ergebende Gefahr der Durchsetzung von Partikularinteressen und die Zusammenballung der Entscheidungsmacht bei Einzelnen im Bereich der Wirtschaft soll hier nun beispielhaft aufgezeigt werden.

Markt und Demokratie

Eine wichtige Grundlage der Entpolitisierung liegt in der Funktionsweise der Marktwirtschaft und der ihr zugrundliegenden Trennung privatwirtschaftlich agierender Unternehmen vom institutionellen staatlichen Rahmen. Die Herstellung von Waren und Dienstleistungen ist, trotz der alle gesellschaftlichen Bereiche durchziehenden Arbeitsteilung, zwar eine gesamtgesellschaftliche Leistung, andererseits wird sie aber in privaten Unternehmen organisiert und vorangetrieben. Die Marktwirtschaft basiert auf autonom handelnden Wirtschaftssubjekten, die in ihrem individuellen Bestreben, wirtschaftlich zu überleben, Gewinne erzielen müssen. Obwohl sie nur für ihren eigenen Gewinn arbeiten, übernehmen sie dennoch eine zentrale gesellschaftliche Funktion. Angetrieben vom Wettbewerb, agieren sie als Treiber des gesellschaftlichen Wohlstands, indem sie innovative Prozesse und Produkte hervorbringen und die Arbeitsproduktivität steigern. Waren und Dienstleistungen, enthalten dadurch immer weniger menschliche Arbeit, werden immer günstiger, und an dieser Wohlstandssteigerung partizipieren alle.

Diesen gesellschaftlichen Nutzen der privatwirtschaftlichen Tätigkeit erkannte auch der geistige Vater des Wirtschaftsliberalismus, Adam Smith. Die Unternehmer, so Smith, übernehmen in einer marktwirtschaftlich organisierten Gesellschaft mit ihrem Interesse an größtmöglichem Gewinn eine objektiv im Interesse der gesamten Gesellschaft liegende Aufgabe. Wenn „jeder einzelne so viel wie nur möglich danach trachtet, sein Kapital zur Unterstützung der einheimischen Erwerbstätigkeit einzusetzen und diese dabei so lenkt, dass ihr Ertrag den höchsten Wertzuwachs erwarten lässt, dann bemüht sich auch jeder einzelne ganz zwangsläufig, dass das Volkseinkommen im Jahr so groß wie möglich werden wird", schreibt er im „Wohlstand der Nationen". Mit seinem Gewinnstreben fördert der Unternehmer, indem er das Volkseinkommen steigert, auch das Allgemeinwohl, obwohl dies subjektiv nicht in seiner Absicht liegt. Er tut es, weil er die Unternehmerfunktion bestmöglich ausführt: „Und er wird in diesem wie in anderen Fällen von einer unsichtbaren Hand geleitet, um einen Zweck zu fördern, den zu erfüllen er in keiner Weise beabsichtigt hat."[20]

Auf die privatwirtschaftliche Tätigkeit der im Markt handelnden Akteure hat eine demokratisch verfasste Gesellschaft keinen unmittelbaren Einfluss, auch wenn den Bürgern in ihrer Funktion als Konsumenten eine Steuerungs-

---

[20] Adam Smith, s. Anm. 16, 4. Buch, 2. Kap., S. 370.

funktion zukommt. Die zum großen Teil unmittelbar durch den Markt vorangetriebene Wohlstandsentwicklung wird vom Staat im Wesentlichen indirekt beeinflusst, indem dessen Institutionen sowohl ordnungspolitisch als auch steuernd in die Wirtschaft eingreifen. Der Staat setzt rechtliche Rahmenbedingungen, sorgt unter anderem für ein funktionierendes Preissystem, stellt den Wettbewerb sicher, greift wirtschaftspolitisch mehr oder weniger intensiv ein, etwa durch die Energie- und Klimapolitik, und übernimmt selbst wirtschaftliche Funktionen, indem er bestimmte Aufgaben wahrnimmt und diese nicht dem Markt überlässt.[21] Alle gängigen wirtschaftspolitischen Doktrinen vom Keynesianismus bis zum Neoliberalismus erkennen diese zentrale Rolle des Staates zur Gewährung einer Ordnung an, in der die Marktwirtschaft ihre nützliche Funktion entfalten kann.

Wirtschaftspolitik
ohne Politik

Die politischen Entwicklungen der letzten Jahrzehnte haben wesentlich dazu beigetragen, die staatliche Handlungsfähigkeit in wirtschaftlichen Dingen niedrig zu bewerten. Staatliches und somit auch politisches Handeln scheint gegenüber den Erfordernissen des Marktes und der Macht der frei agierenden multinationalen Unternehmen nur noch eine untergeordnete Funktion zu haben. Mit dem Zusammenbruch der stalinistischen Regime Osteuropas und der marktwirtschaftlichen Öffnung Chinas hat die Marktwirtschaft als das einzig funktionierende System sozialer Organisation überlebt. Das hat den Markt als alternativlos aufgewertet. Die Unterordnung staatlichen

---

[21] Karen Ilse Horn: „Die Soziale Marktwirtschaft", Frankfurter Allgemeine Buch, 2010.

Handelns unter die Erfordernisse des Marktes wird durch die Globalisierungstheorien zusätzlich bestärkt. Staatliche Handlungsmöglichkeiten erscheinen in Anbetracht der Globalisierung und der sie dominierenden multinationalen Konzerne und Kapitalströme als bestenfalls limitiert. Infolge des veränderten staatlichen Aktionsradius scheint auch die Demokratie als dessen Anhängsel in einer unterlegenen Position.

Während der Finanzkrise und der daraus resultierenden Eurokrise, die 2012 ihren Höhepunkt erreichte, zeigte sich die Politik dem wirtschaftlichen Diktat vollends ausgeliefert. Sogar die marktwirtschaftlichen Grundprinzipien wurden diesem Diktat untergeordnet, denn es ging nun darum, die Unternehmen, vor allem aber die vor dem Zusammenbruch stehenden Banken, unter Aushebelung des Haftungsprinzips zu retten. Die erklecklichen Gewinne der Jahre vor der Krise waren Privatvergnügen, die Verluste wurden nun in einem Maß auf den Steuerzahler abgewälzt, das viele Staaten der Eurozone überforderte. Der rasch aufgebaute Euro-Rettungsschirm diente dann dazu, diese Länder vor dem Bankrott zu retten, indem die europäischen Steuerzahler gemeinschaftlich in die Haftung genommen wurden.

Im Zuge der Finanz- und Eurokrise ist die Kompetenz für die wirklich wichtigen wirtschaftspolitischen Entscheidungen praktisch vollkommen auf die vom demokratischen Einfluss unabhängige Europäische Zentralbank übergegangen. Dies wurde deutlich, als der EZB-Präsident Mario Draghi auf dem Höhepunkt der Eurokrise verkündete, alles zu tun, „whatever it takes", um den Euro zu retten. Zuvor hatten sich die Staats- und Regierungschefs nicht auf eine gemeinsame Linie zur Bewältigung der Eurokrise geeinigt, so dass es nun der unabhängigen Zentralbank vorbehalten war, durch ihre Entscheidung die Eurokrise zu beenden. Draghi erreichte dies, indem er faktisch die Entscheidung zur Schuldenvergemeinschaftung der Eurostaaten traf. Die „No-Bailout-Klausel", die bis dahin die gegenseitige Haftung der Mitgliedstaaten gemäß der EU-Regularien ausschloss, wurde mit dieser Ankündigung des EZB-Präsidenten Mario Draghi vom 26.7.2012 ausgehebelt. Sie wurde faktisch durch das Eingeständnis ersetzt, dass die „Länder zusammen [einstehen] für die Schulden der Angeschlagenen", wie seinerzeit der Präsident der Schweizerischen Nationalbank kommentierte.[22] Vom demokratischen Prozess isolierte Institutionen mutieren so zu Elitezirkeln, in denen nur wenige Auserwählte eine enorme Machtfülle auf sich vereinigen und zudem gut organisierte und einflussreiche Interessengruppen hinter den Kulissen ihren Einfluss geltend machen. Typisch hierfür ist die Machtfülle des EZB-Präsidenten, der mit seiner berühmte „Whatever it takes"-Rede nicht nur den Euro rettete, sondern diese Rede, wie auch viele andere öffentliche Interventionen, nicht mit dem EZB-Rat als dem eigentlichen obersten Entscheidungsgremium abgestimmt hatte, wie politische Beobachter feststellen.[23]

Diese Episode, wie auch die besondere Rolle der Geldpolitik der EZB bereits vor der Finanzkrise, dokumentieren sehr eindrucksvoll die enorme Handlungsmacht, die staatliche Institutionen also sehr wohl ausüben können, andererseits aber auch die große Bereitschaft der politischen Repräsentanten, ebendiese Macht und wirtschaftspolitische Verantwortung auf unabhängige Mandatsträger zu übertragen. Sowohl das Bundesverfassungsgericht als auch der Europäische Gerichtshof haben der EZB den Rücken freigehalten, indem sie

---

[22] Zit. n. Hans-Werner Sinn: „Der Euro. Von der Friedensidee zum Zankapfel", Carl Hanser 2015, S. 387.
[23] Werner Mussler / Michael Stabenow: „Einige sind gleicher. Die Befugnisse der europäischen Entscheidungsträger" in: F.A.Z., 06.07.2019, S. 8.

gerichtliche Klagen zum Vorwurf der Mandatsüberschreitung durch die EZB wiederholt zurückgewiesen haben. In Abwesenheit alternativer wirtschaftspolitischer Konzepte auf EU-Ebene wie auf nationaler Ebene ist die für wirtschaftliche Entwicklung enorm wichtige Geldpolitik alleinige Sache des EZB-Rats. Kritik aus den Reihen der Politik ist dabei unerwünscht. Dies bekam nun sogar Bundesbankpräsident Jens Weidmann zu spüren, dem Draghi auf einer Notenbankkonferenz im Juni 2019, ohne Weidmann direkt zu nennen, vorwarf, „Populismus geschürt" zu haben, indem er das „Handeln des EZB-Rats nicht unterstützt" habe.[24] Weidmann hatte sich in der Vergangenheit wiederholt skeptisch zur EZB-Geldpolitik geäußert und gegen wichtige Entscheidungen im EZB-Rat gestimmt und damit, obwohl selbst Mitglied des EZB-Rats, die Entscheidungen des Rats politisiert.

Die derart von demokratischer Einflussnahme abgeschottete unabhängige Zentralbankpolitik hat in ganz Europa gravierende wirtschaftliche und soziale Auswirkungen, die weit über die in Deutschland oft kritisierten niedrigen Zinsen und die direkten Effekte für Sparer und Inhaber von Lebensversicherungen hinausgehen. Mit ihrer Zinspolitik folgt die EZB einer auf Stabilität ausgerichteten staatlichen Grundorientierung. Dazu gehört auch, wirtschaftliche Krisen möglichst zu zähmen und zudem die geldpolitischen Möglichkeiten zum Erhalt und zur Begünstigung von Wachstum zu nutzen. Mit dem Ziel, eine Inflationsrate von etwa zwei Prozent zu erreichen, ist die Geldpolitik formal auf die Vermeidung von Deflation ausgerichtet, hat dabei jedoch zwei gravierende Effekte.

[24] Jan Mallien: „Draghi wirft Weidmann indirekt Populismus vor", Handelsblatt online, 19.06.2019.

Erstens treibt die Bereitstellung von ständig mehr Liquidität die Vermögenspreise. Dies ist seit Jahrzehnten an den Aktienmärkten und seit der Finanzkrise sehr deutlich an den nun auch in Deutschland enorm steigenden Immobilienpreisen erkennbar. Der Grund ist, dass die zusätzliche Liquidität der Zentralbanken nicht für zusätzliche Investitionen der Unternehmen verwendet wird. Diese schwimmen ohnehin schon im Geld, denn seit vielen Jahren benötigen die Unternehmen in Deutschland in Summe kein Geld von Investoren, sondern geben ihren Eigentümern netto sogar Geld zurück. Das an die Eigentümer zurückgegebene Geld in Form von Dividenden oder durch Aktienrückkäufe hat hierzulande keine weitere Verwendung und fließt daher als Kapitalexport in die internationalen Finanzmärkte. Dort treibt dies, wie auch hierzulande, vor allem die Vermögenspreise weiter nach oben.[25]

Der zweite wichtige Effekt ist die Zombifizierung der gesamten Wirtschaft, die sich darin bemerkbar macht, dass die gesamtwirtschaftliche Arbeitsproduktivität seit Jahrzehnten immer weniger zunimmt und inzwischen fast stagniert.[26] Die gerade in wirtschaftlichen Krisenzeiten eingesetzte Niedrigzinspolitik hilft solchen Unternehmen zu überleben, die eigentlich den stärkeren Wettbewerbern unterliegen würden und

---

[25] Gunther Schnabl: „Ultra-lockere Geldpolitiken, Finanzmarktblasen und marktwirtschaftliche Ordnung", Working Paper Nr. 151, Wirtschaftswissenschaftliche Fakultät der Universität Leipzig, Oktober 2017.

[26] Sachverständigenrat zur Begutachtung der gesamtwirtschaftlichen Entwicklung: „Jahresgutachten 2015/2016", S. 287. Das Kieler Institut für Weltwirtschaft ermittelte einen Rückgang der gesamtwirtschaftlichen Arbeitsproduktivität pro Erwerbstätigenstunde von 2,18 Prozent (1991–1995) auf 2,05 Prozent (1995–2000), 1,61 Prozent (2000–2005), 0,70 Prozent (2005–2010) und 0,77 Prozent (2010–2015), siehe: „Produktivität in Deutschland. Messbarkeit und Entwicklung", Kieler Beiträge zur Wirtschaftspolitik Nr. 12, November 2017, S. 103.

aufgeben müssten. Sie überleben als Zombies, wirtschaftlich praktisch tot, also in der Regel nicht mehr in der Lage, Gewinne zu erzielen oder die Arbeitsproduktivität zu steigern, und doch werden sie durch die Niedrigzinspolitik künstlich über Wasser gehalten. Die während einer wirtschaftlichen Krise stattfindende Kapitalvernichtung wird gehemmt und in der Folge auch die Investitionen in neue und produktivere Technologie. Wenn jedoch die Arbeitsproduktivität kaum mehr steigt, gelingt es nicht mehr, die für den Konsum erforderlichen Waren und Dienstleistungen günstiger herzustellen, so dass dann die Reallöhne stagnieren. Diese Entwicklung schreitet in Deutschland seit Jahrzehnten hartnäckig voran. Nur privilegierten sozialen Gruppen, etwa solchen mit höherer Bildung in bestimmten Bereichen, gelingt es, sich noch von diesem Trend abzukoppeln.

Die sozialen Folgen der vom politischen Einfluss unabhängigen EZB-Entscheidungen sind beispielsweise im Wohnungsmarkt zu erkennen. Wie das Forschungsinstitut Empirica kürzlich ermittelt hat, sind die Kaufpreise für Eigentumswohnungen in Deutschland zwischen 2005 und 2017 im Durchschnitt um 53 Prozent gestiegen. Die Mieten haben in diesem Zeitraum nicht ganz so stark, dennoch aber auch um 29 Prozent durchschnittlich zugenommen. Das verfügbare Jahreseinkommen je Haushalt ist jedoch nur um 20 Prozent im Durchschnitt gestiegen.[27] Demnach sind nicht wenige Immobilieneigentümer in dieser Zeit reich geworden, und mancher konnte sein Vermögen durch den Verkauf sogar vergolden.

[27] Christian Siedenbiedel: „Wohnen kostet mancherorts ein Drittel des Einkommens" in: F.A.Z., 26.06.2019, S. 23.

Die Renditen für Vermieter, gerechnet auf Grundlage der höheren Wohnungspreise, die nun ein Käufer zu zahlen hat, sind aufgrund der nicht ganz so schnell steigenden Mieten sogar gefallen. Für die Mieter sieht es im Durchschnitt jedoch besonders schlecht aus. Da nur leicht steigende Verdienste die stärker steigenden Mietpreise nicht ausgleichen konnten, müssen gering- bis normalverdienende Mieter heute einen größeren Anteil ihres Einkommens auf die Miete verwenden. Problematisch ist obendrein, dass diese Durchschnittswerte verschleiern, dass manche soziale Gruppen deutlich stärker verloren haben. So weisen Forschungen darauf hin, dass die ärmsten 20 Prozent der deutschen Haushalte mittlerweile (wiederum nur im Durchschnitt!) knapp 40 Prozent ihres Einkommens für Wohnen ausgeben, 1993 seien dies nur gut 25 Prozent gewesen.[28]

Hinter den Entscheidungen der EZB stehen mächtige Partikularinteressen, weswegen diese in der Regel von den meinungsführenden Kreisen begrüßt oder als alternativlos bezeichnet werden. Das wirtschaftliche Siechtum, dem die gesamte Gesellschaft ausgesetzt ist, ist „in Wahrheit durch eine an Partikularinteressen orientierte Zentralbankpolitik entstanden, die die Rückkehr auf ihr Gleichgewichtsniveau verhindert", schreibt der ehemalige Ifo-Präsident (Leibniz-Institut für Wirtschaftsforschung), Hans-Werner Sinn.[29] In einem Beitrag für die Frankfurter Allgemeine Sonntagszeitung (FAS) hat er mit kritischem Blick auf die Anleihekäufe der EZB treffend auf diesen gesellschaftlichen Zusammenhang hingewiesen: „Den Zombie-Banken samt ihren maroden

[28] Ebd.
[29] Hans-Werner Sinn: „Was uns Marx heute noch zu sagen hat", Deutschlandfunk online, 19.03.2017.

Kunden werden die Milliarden in den Rachen geworfen, um die Bilanzen zu retten [...]. Die Portfolio-Manager aus aller Welt applaudieren der EZB, weil sie ihre gewagten Portfolios und mit ihnen die eigenen Einkommen gerettet hat. Nur die normalen Bürger, die Steuerzahler und die auf Zinsen hoffenden Sparer haben bei allem ein mulmiges Gefühl. Ob ihre Kinder in einer dahinsiechenden Welt groß werden müssen? Ob sie es sein werden, die die Zeche für den Verzicht auf eine Wertkorrektur der Kapitalgüter und den Erhalt der Blasen werden tragen müssen, und ob sie sich jemals wieder dem Zugriff der Gläubiger aus aller Welt entziehen können, denen sie sich als Bürgen präsentieren müssen?"[30]

Die nationale Politik ist gegenüber der Entscheidungskompetenz der EZB zum Reparaturbetrieb verdammt. Selbst wenn der politische Anspruch, die Zinspolitik grundlegend zu ändern, ernsthaft erhoben würde, hätte der Wähler keinerlei Möglichkeit, an den Ursachen dieser Entwicklung etwas zu ändern. Die deutsche Politik hat sich längst ihrem Schicksal gefügt und ist wohl insgesamt auch recht zufrieden damit, die Verantwortung für Entscheidungen mit dieser Tragweite wegdelegieren zu können und diese erst gar nicht zur Diskussion stellen oder gar verantworten zu müssen. Die ausgelöste soziale Schieflage, die daraus resultiert, dass das Potenzial für Reallohnsteigerungen aufgrund der Zombifizierung mit stagnierender Produktivität ausgehöhlt ist, wird sich unter diesem Zinsregime jedoch weiter beschleunigen. Die Zinspolitik bleibt so außerhalb des politischen Diskussions- und Entscheidungsrahmens, obwohl ihr für die gesellschaftliche Entwicklung über kurz und lang eine entscheidende Rolle zukommt.

30 Hans-Werner Sinn: „Karl Marx" in: FAS, 29.04.2018, S. 28.

Wem vertrauen wir?

Wenn wir unsere Demokratie ausweiten und stärken wollen, brauchen wir eine Repolitisierung von gesellschaftlichen Bereichen, die, wie die Wirtschaftspolitik, dem Einfluss der normalen Menschen weitgehend entzogen wurden. Diese Repolitisierung erfordert, dass die heute vom Einfluss der Bürger als Wähler weitgehend losgelösten Entscheidungen zum Gegenstand öffentlicher Auseinandersetzungen werden und nicht mehr als alternativlose und unpolitische Sachzwänge erscheinen, denen mit staatlichen Verwaltungsakten nachgegeben wird.

Die Weiterentwicklung der Demokratie benötigt unser bedingungsloses Bekenntnis zu ihrer Vertiefung und Ausweitung. Die letztlich entscheidende Frage hierbei ist: Wem vertrauen wir, wenn es um Entscheidungen über die Gesellschaft geht, in der wir leben? Dabei sollten wir nicht auf Experten setzen, sondern es wagen, der Gesamtheit unserer Mitbürger in all ihrer Unterschiedlichkeit zu vertrauen. Jeder von uns ist davon überzeugt, in der Lage zu sein, sich eine unabhängige und von Vernunft und Moralität geprägte Meinung zu bilden. Warum sollten wir das, was wir völlig zu Recht für uns selbst in Anspruch nehmen, nicht auch allen anderen Mitbürgern zubilligen?

Wer Demokratie will, muss bereit sein, Risiken einzugehen. Die Ergebnisse von Meinungsbildungsprozessen sind grundsätzlich offen und nicht vorhersehbar. Wir können politische Debatten genauso gewinnen wie verlieren. Das Vertrauen in die Demokratie und die damit notwendigerweise verbundene uneingeschränkte Meinungsfreiheit geben uns jedoch überhaupt erst die Chance, eine Diskussion zu beginnen, und damit die Mittel, die Gesellschaft positiv zu gestalten. Jeder Einzelne sollte ermutigt werden, an diesem Diskussionsprozess teilzunehmen und seine Perspektive in die Debatte einzubringen, sodass letztendlich alle Mitglieder der Gesellschaft dazu gezwungen sind, eine vernünftige und mehrheitsfähige Lösung zu entwickeln und eine Entscheidung zu treffen. Gleichzeitig bietet der demokratische Prozess immer auch die Möglichkeit, Fehler zu erkennen, Entscheidungen rückgängig zu machen und im fortwährenden Wettstreit der Meinungen und Ideen zu Lösungen zu kommen, die den gesellschaftlichen Realitäten besser gerecht werden. Dieser experimentelle Charakter der Demokratie führt auf Dauer zu Ergebnissen, die allen dienen und helfen, die Potenziale der Gesellschaft und jedes Einzelnen zu entfalten. Die Alternative, diesen Entscheidungsprozess einigen Wenigen zu überlassen, ist ein ungleich größeres Risiko, als auf die Weisheit der Masse zu vertrauen.

Das Volk als politischer Souverän muss der Herr politischer Entscheidungsprozesse sein und daher über die Gesetzgebung und in allen gesellschaftlichen Fragen direkt oder durch gewählte Repräsentanten selbst entscheiden. Nur so kann die Umgehung der Demokratie, die mit der Abschottung staatlicher Institutionen vom Einfluss des Volks und der supranationalistischen Unterminierung des demokratischen Nationalstaats einhergehen, überwunden werden. Die Basis hierfür bilden staatliche Souveränität, uneingeschränkte Meinungsfreiheit, eine Absage an elitär expertokratische, globalistische und paternalistische Ideen und eine Kultur offener Debatten.

AUTOREN

SABINE BEPPLER-SPAHL

Sabine Beppler-Spahl ist Diplom-Volkswirtin, Deutschlandkorrespondentin des britischen Online-Magazins spiked sowie Vorsitzende des Freiblickinstituts. Sie ist auch Initiatorin und Organisatorin des Schüler-Debattierwettbewerbs „Debating Matters" in Berlin.

ALEXANDER HORN

Alexander Horn lebt und arbeitet als selbstständiger Unternehmensberater in Frankfurt. Er publiziert mit dem Fokus auf wirtschaftspolitische Themen.

ERIK LINDHORST

Erik Lindhorst lebt in Frankfurt, arbeitet als Selbstständiger in der IT und ist seit 2007 in wechselnden Aufgabengebieten für Novo tätig

JOHANNES RICHARDT

Johannes Richardt ist ehemaliger Novo-Chefredakteur und Gründungsmitglied des Freiblickinstituts. Er lebt in Berlin.

KAI ROGUSCH

Kai Rogusch ist Jurist und Novo-Redakteur. Er lebt in Frankfurt am Main.

THILO SPAHL

Thilo Spahl ist Diplom-Psychologe und lebt in Berlin. Er ist freier Wissenschaftsautor und Novo-Redakteur.

KOLJA ZYDATISS

Kolja Zydatiss ist Journalist und freier Autor. Er lebt in Berlin.

Unabhängig, unangepasst und unbequem

**Novo – das politische Magazin
in der Tradition von Aufklärung und
Humanismus.**

Novo Argumente für den Fortschritt